公務員試験

受かる勉強法 × 落ちる勉強法

これが「最速受験術」だ！

2023年度版

「合格への道」研究会 編著

平木太生(弁護士・公認会計士jiji)

エクシア出版

なぜ、今まで 「勉強法」や「参考書選び」 の本がなかったのか?

書店の店頭で不思議に思わなかっただろうか?

　公務員試験を受けることを決めて、書店に参考書や問題集を初めて買いに行ったとき、疑問を感じなかっただろうか?

　大学受験なら、「合格するための勉強法」といった勉強法の本や、「合格するための参考書」といった参考書選びの本が何冊もある。

　しかし、公務員試験にはそうした本がほとんどない。似たようなタイトルの本はあっても、中身はまったく違う。

いちばん大切なことを誰も教えてくれない理由!

　公務員試験にその種の本は必要ない、というわけではない。

　それどころか、とても勉強しきれないほど範囲が膨大で、全科目の参考書や問題集を揃えるだけでも大変な数になってしまう公務員試験こそ、勉強法や参考書選びが合否を分ける。

　それなのに勉強法や参考書選びの本がないのには、実は理由がある。

　公務員試験の本を出している出版社や予備校は、たいてい全科目の本を出している。だから、「この科目は捨て科目」なんてことは言いたくないし、自社の本ばかりをほめるわけにいかない以上、参考書選びの本も出したくないのだ。

そして受験生は予備校や通信教育に誘導される!

　初めて公務員試験を受けるのに、いきなり独力で勉強法をあみだしたり、参考書の良し悪しを見分けられるわけがない。結局、受験生の多くは予備校や通信教育に頼ることになる。

　すると当然、そこの参考書や問題集ばかりを使うことになる。1社の本が全科目においてベストなんてことはありえないにもかかわらずだ。

受験生の側に立った初めての本!

　このように、予備校や出版社が主導権を握っていて、予備校に通ってもらう、自社の本を買わせる、ということを前提にした本しか出ていない。公務員の受験マニュアル本で、受験生側の味方（見方）で書かれているものは、ほとんどない。

　こんなバカげたことがまかり通っているのは、公務員試験の世界くらいのものだろう。

　どこの世界に、売り手の言いなりに全商品を買って喜んでいる客がいるだろうか。しかもみんなで仲良く一列に並んで。

　予備校や出版社のための本でなく、受験生のための本が必要だ。そういう本がないことを許しておいてはいけない。

　そこで私たちは本書を刊行することにした。

誰も教えてくれなかったことを本書が初めて明かす!

　本書は、大卒程度の公務員試験（国家公務員一般職、地方上級レベル［市役所・警察官・消防官を含む］）を対象とした、受験勉強法および参考書選びの本である。

　受験生にとって役立つ内容だけを厳選して載せた、最強の合格マニュアルである。国家公務員総合職や各種資格試験にも十分応用可能な、汎用性のある合格術を掲載した。

「どの科目に力を入れて、どの科目は捨てていいのか」

「どの科目から勉強して、どの科目は直前でもいいのか」

「どの参考書や問題集が最良なのか、どの参考書や問題集は最悪なのか」

「参考書や問題集をどう使えばいいのか」

　などについて具体的に説明し、受験生にとって肝心な、

「どういうふうに勉強したら、点になり、合格できるのか」

　について、詳しく解説してある。

　こんなふうに"本当のこと"が書いてある本は、公務員試験の世界では、本書が初めてとなる。

　ぜひ熟読してほしい。

　特に大学受験で失敗した人にとっては、巻き返しの絶好のチャンスである。大学受験が勉強法やテクニックで相当左右される以上に、**公務員試験はやり方次第なのだ**。

　今後はもう、予備校や出版社の言いなりに勉強して、落ちて、「何がいけなかったのかよくわからない」というような薄ボンヤリした不合格は絶対に避けよう。最良の方法で受験しなければ、精一杯やったとは言えないのだ。

目次

行政系科目 ─────────────────── 223

経済系科目（心理学・教育学を含む） ──── 249

論文・面接試験 ────────────────── 265

【エピローグ】
受かるタイプとは ──────────────── 285
最速合格への7カ条

カバーイラスト＝しりあがり寿　　装丁＝田中小夜子
図版作成＝F3デザイン事務所（山本秀行）　　DTP作成＝中山デザイン事務所

※本書で紹介する参考書の情報は、すべて2021年9月30日現在のものです。

あなたは落ちて当然の 勉強法をしていないだろうか?

「最速受験術」とは?

◆公務員試験は現在、過去最高の難易度に!

　近年の公務員試験（国家公務員一般職大卒程度）は、コロナ禍の影響もあり、大荒れの様相を呈している。知識よりも論理的思考力や応用力を試す傾向になり、筆記ボーダーラインが下がりつつある。試験直後は「終わった」と落胆していた受験生がたくさん最終合格している。

　しかし、それは易しくなったという意味ではない。論文や面接の配点が上がったのだけをみて、一般企業の就職の延長線上でなんとなく受けてみようかと思う安易な受験生が増えたものの、筆記で涙をのむ人が後を絶たないのが実情だ。きちんと勉強しないと、とうてい合格はおぼつかない。ますます情報や勉強法が重要になったといえる。

　だが、書店に並んでいる「公務員受験ガイド」は、相も変わらず公務員の待遇とか、仕事の内容とか、どうでもいい情報で紙面を埋めた、きわめて内容のないものが多い。「そんなことより、手っ取り早く受かるにはどうすればいいんだよ！」という**受験生の魂の叫び**が聞こえてきそうである。

◆まともにやっていたらとても間に合わない量!

公務員試験の最大の特徴は、「範囲が膨大すぎる」ということだ。教養（基礎能力）だけでも、数的推理、判断推理、資料解釈、文章理解、数学、物理、化学、生物、地学、日本史、世界史、地理、思想、文学・芸術、政治・経済……。

英語も含めて、高校の全範囲に、大学での法律系・経済系の専門科目が加わるといった膨大さ。

まともにやっていたら、とても間に合わない量だ。

◆これでは落ちる!

その不安から、受験生はだいたいみんな同じようなことをやっている。「みんなと同じことをやっていれば、なんとなく安心だ」という心理だ。みんな揃って予備校に通い、なんとなくテキストを読んで、本番に突入。これでは落ちる。

他の受験生と同じことをやっていたのでは、倍率の高い公務員試験では危ない。

そして、そもそも受験生の勉強法がまったく的を射ていない。見当違いなことをやっていることが多い。

たとえば次のようなパターンに陥ってはいないだろうか。

○そもそも「数学・算数」系科目を全捨て

○数的推理・判断推理は予備校に任せているが、「こんな解法、本番で思いつかないよ」とほったらかしにしている

○「専門は差がつかない」と思って大学や予備校の講義任せ

○まずテキストを読み、問題集を自力で解くが、終わる前に試験日が来てしまう

○参考書・予備校オタク

　これらは地獄への超特急パターンだ。

◆ 勉強法は効率がよく現実的でなければならない!

　そもそも大学でどう単位を取ってきたか考えてみてほしい。

　真面目に講義に全部出席し、ノートを完璧にとって単位を取ってきたという超優等生なら問題はない。

　だが、普通はそこまでの忍耐力はない。他人のノートのコピーと過去問で乗り切った科目もあるはずだ。

　そして、公務員試験の合格最短コースも、単位の取り方と大差はない。

　いかに現実的に合格を得るかだ。

　さらに、公務員試験には、公務員試験向きの勉強法やテクニックが多数あるのだ。

　それらを知っているか知らないかは、そのまま本番の点数に直結する。

　そして、本番で点数が取れなければ、勉強したことは全部無駄になってしまう。

　それではあまりにももったいないではないか。

◆ マイナスをプラスに転換する戦略!

　とにかく本番で合格点を取ればいい。それには人と同じことをやっていたのではダメだ。

　科目が多数ある点すらも逆手に取り、他の受験生が間違った方法をとっているなかを、ごぼう抜きにして合格していく

戦略が存在する。

それがこの本で取り上げる「最速受験術」だ。

◆裏ワザも紹介!

戦略の優越に戦術の優越を加えれば、戦いは完勝だ。

本書では最新の過去問などを例に、**知識で解けなくても点数にする（選択肢を落とす）方法も多数載せている**。これらを利用し、1点でも多くもぎ取ってほしい。

◆専門重視の最新情報に基づいた内容に!

最近の公務員試験は、さらなるトレンドの変化があった。市役所など、SPIやSCOAのみで受けられるところが多数出現している。「SPIやSCOAは対策のしようがない」「教養の勉強で十分」という受験常識は大ウソで、そんな言葉に騙されてはいけない。**本書ではその最新情報も加味し、重視されている科目を最速で攻略し、得点力を上げる方法を紹介する**。

◆あとは実行あるのみ!

公務員試験はきわめて平等な、人生の可能性を広げる手段だ。未来はあなたの手の中にある。あとは本書のやり方を実行するだけだ。読者の方々の最終合格を心から祈る。

まだ間に合う!

第 **1** 部

初公開！ 本当はこうすれば合格する

これが誰も教えてくれなかった「最速受験術」だ！

何を必ずやらなければいけないのか?
何はやらなくていいかの"本当のところ"!

・・・・・・・・・・・・・・・・・・・・・・・・・・・・・・・・・・・・・・・

　公務員試験は、近年は低下したものの、倍率が10倍以上になることもある試験だ。人と同じことをやっていたら、その他大勢の不合格者に入るだけ。

　最終合格へたどりつくのに、もっとも差がつくのは勉強のやり方。ここを間違えていて、落ちる人が本当に多いのだ。

　逆に言えば、要領の悪い勉強をしている人たちを、スイスイと追い抜いていく方法が多数あるのだ。

　受験に必要なのは根性ではない。要領だ。残された時間は少ない。限られた時間の中で凡人が逆転合格するには、方法論で優越するしかない。

　この章では、公務員試験に合格するのには、どんな方法で必要な知識をインプットするのが最速なのか、勉強のテクニックやスケジュール、さらには心理面まで追究して、もっとも効率的な方法を提示する。

・・・・・・・・・・・・・・・・・・・・・・・・・・・・・・・・・・・・・・・

◉国家公務員一般職を知ろう!

一口に公務員試験といってもいろいろある。

まず敵を知らなければ話にならない。

科目や問題数といった基本的なデータを次に挙げておく。

国家一般職（行政区分）の配点比率は次の通り。

基礎能力2/9

専門4/9

一般論文1/9　　※1次試験の合格は基礎能力と専門の結果によって決定。
　　　　　　　　　　一般論文は、最終合格者の決定に反映。

2次試験の人物試験が2/9

試験時間は、基礎能力2時間20分、専門3時間、論文1時間

　基礎能力にも「基準点」といって足切りがあるが、専門は基礎能力の2倍の配点だ。当然、専門に比重を置いて勉強すべきだ。

国家一般職出題科目と出題数

基礎能力科目			専門科目	
全問必須回答	文 章 理 解	11	**16科目中8科目選択** 憲 　 　 法	5
	判 断 推 理	8	行 政 法	5
	数 的 推 理	5	民法(総則及び物権)	5
	資 料 解 釈	3	民法(債権、親族及び相続)	5
	法 　 　 律	1	政 治 学	5
	経 　 　 済	1	行 政 学	5
	政 　 　 治	1	ミクロ経済学	5
	世 界 史	1	マクロ経済学	5
	日 本 史	1	財政学・経済事情	5
	地 　 　 理	1	経 営 学	5
	思 　 　 想	1	社 会 学	5
	物 　 　 理	1	国 際 関 係	5
	化 　 　 学	1	心 理 学	5
	生 　 　 物	1	教 育 学	5
	時 　 　 事	3	英 語 (基 礎)	5
			英 語 (一 般)	5
出 題 数		40	出 題 数	80
解 答 数		40	解 答 数	40

◉地方上級、東京都Ⅰ類、特別区Ⅰ類を知ろう!

　地方上級（地上）は教養と専門の配点を公表していないところもあるが、公表している自治体を見る限り、専門重視であることは確実だ。今までの受験神話「教養重視」は大嘘だ。

　地上の専門試験で注意すべきことは、行政系科目の出題が少なく、民法が4〜7問あり、経済の出題数が多いことだ。また、配点が公表されている自治体を見ると、論文・面接の配点が非常に高い。これは**国家一般職にない一大特徴**で、十分注意する必要がある。

　一般的な国家一般職・地上の併願の場合、経済系科目は捨てるわけにはいかないし、民法も同様だ。かといってこの2教科は専門の中でも一番負担が大きい。**それをいかにしのぐかというのは公務員受験を成功させる上での一つの重大なポイントになる**ので注意してほしい。

令和2年度地方上級の3タイプ・東京都Ⅰ類・東京都特別区Ⅰ類の出題数

教養試験					
科目	全国型	関東型	中部・北陸型	東京都Ⅰ類B	特別区Ⅰ類
政治・経済	6	7	5	3	4
社　　会	6	7	6		0
社会事情				5	4

思　　　想	0	0	0	0	1
日　本　史	2	3	2	1	1
世　界　史	2	3	3	1	1
地　　　理	2	2	2	1	1
文 学・芸 術	0	0	0	1	0
数　　　学	1	1	1	0	0
物　　　理	1	1	1	1	2
化　　　学	2	2	2	1	2
生　　　物	2	2	2	1	2
地　　　学	1	1	1	1	2
文 章 理 解	8	8	8	8	9
（英文の内数）	(5)	(5)	(5)	(4)	(4)
（古文の内数）	(0)	(0)	(0)	(0)	(0)
判 断 推 理	10	7	10	7	10
数 的 推 理	6	5	6	5	5
資 料 解 釈	1	1	1	4	4
合　　　計	50	40/50	50	40	40/48

専　門　試　験					
科目	全国型	関東型	中部・北陸型	東京都I類B	特別区I類
政　治　学	2	2	2		5

行　政　学	2	2	2		5
社　会　政　策	3	3	2		0
社　　会　　学	0	0	2		5
国　際　関　係	2	3	2		0
憲　　　　　法	4	4	5		5
行　　政　　法	5	5	8	記述試験3教科※	5
民　　　　　法	4	6	7		10
刑　　　　　法	2	2	2		0
労　　働　　法	2	2	2		0
経　済　原　論	9	12	8		10
財　　政　　学	3	3	3		5
経　　済　　史	0	1	0		0
経　済　政　策	0	3	3		0
経　　営　　学	2	2	0		5
経　済　事　情	0	0	2		0
統　　計　　学	0	0	0		0
合　　　　　計	40	40/50	40/50	※	40/55

※東京都Ⅰ類B（行政〔一般方式〕）の専門試験は、憲法、行政法、民法、経済学（経済原論）、財政学、政治学、行政学、社会学、会計学、経営学から3問を選択して回答

（注1）東京都Ⅰ類、特別区Ⅰ類の判断推理は、空間概念、空間把握を含む

（注2）地方上級の3タイプは令和2年度のデータ。

（注3）合計の欄の見方：40/50＝出題50問中40問選択回答

出典：実務教育出版のHP、『受験ジャーナル』（実務教育出版）、東京都のHP、特別区人事・厚生事務組合のHPから作成

令和3年度　公務員試験の動向

　令和3年度の国家一般職（行政）は、合格者7553人と、前年より1522人増加した。ボーダーは例年通りで、専門で7割弱、教養は6割弱というところだ。多少教養で失敗しても専門で取り返せる。この本の通り勉強していれば大丈夫なので、安心してほしい。

　論文は6段階評価になっているが、成績開示を見る限り、最高の6や足切り（即不合格）の1、2はつかない。字数が足りないような人を含めても、2はない。5もかなり少数で、大多数の受験生は3か4に集中している。そして、論文が一段階違うと専門2問分の差になる（これは標準偏差や平均点の関係で、年度によって違うが、大まかには当てはまるとみてよい）。面接は5段階評価だが、最高のAと最低のEはほとんど誰にもついていない。実質3段階評価だ。面接で1段階違うとだいたい専門4問分の差になる。

　国家一般職受験生の目標としては、論文で3、面接でD（両方とも最低ランク）でも通るだけの点数を筆記で拾うことだといえる。他の試験区分との併願も考えると、この程度の実力をつけておくべきだ。つまり、専門科目で余裕の持てる点数を取れるようになるのが、当面の目標といえる。

　注目すべきは、一次の学科試験は教養のみ、あとは集団討論や面接で合否を判定するところがかなり出てきたことだ。しかも、教養にSPI3やSCOAを使うところがかなりある。募集要項に「適性検査」と書いてあるところはかなり怪しい。SPIやSCOAは、きちんと対策しないと時間内に終わらないので、気をつけたいところだ。

　面接や論文に自信がある人は、この手の自治体は、かなり短時間の勉強でも合格できる可能性がある。ポジティブに捉えよう。ただし、一次の筆記を通らなければ、そもそも受験資格がない。国家一般職との併願も考え、普通に勉強したほうが無難である。面接ならなんとかなるとみんな甘い夢を抱いて、学科で落ちていく人が増えるのは確実だからだ。

◉科目の多い共通テストのようなもの

　今のところ公務員試験は多くが教養、専門とも5択の試験であり、要するに**科目の多い共通テスト（旧センター試験）**と思えばいい。

　しかも択一試験は受験テクニックのカモ。おいおい述べていくが、効率的な勉強法というのは多々ある。

　倍率は10倍程度のところが多いが、気にする必要はない。ただの記念受験や、まったく合格の可能性がない人が多数受けに来ている。見かけの倍率に騙されて、怖じ気づくことのないように。

◉教養は4分野に区分できる

　教養は「**一般知能**」（文章理解、判断推理、数的推理、資料解釈）、「**自然科学**」（数学、物理、化学、生物、地学）、「**人文科学**」（日本史、世界史、地理、思想、文学・芸術）、「**社会科学**」（政治・経済、社会、時事［社会事情］）の4分野に区分できる。教養の中で受験生泣かせ、かつ配点が大きく重要なのは、なんといっても「一般知能」である。対策は後ほど詳述するので楽しみにしてほしい。

◉「捨て科目」の常識にダマされるな!

　残りの教養科目については選択解答のものも多いため、当然「捨て科目」があってもよい。

　だが、文系出身者で数的推理・判断推理を全部捨てると不合格は確実なので、そこは注意が必要だ。

◉ 専門も4分野に区分できる!

専門科目は「経済系」「行政系」「法律系」「時事（国際関係）」の4分野に区分できる。

時事は、教養で直接出されるほか、経済や政治学で時事に絡んだ出題がされることも多く、絶対に「時事」を1科目として単独で考えておく必要がある。

◉ 国家一般職、地上の併願は経済系が最重要!

注意する点として、地上専門は経済の出題が相当多いのに対し、国家一般職はそこから逃げることも可能である。

逆に言うと国家一般職、地上を併願する大多数の受験パターンの場合、**経済系は最重要科目**と言える。

経済を捨てる受験生が後を絶たないようだが、現在行政系科目は難化傾向にあり、これを捨てると命取りである。同じことは民法にも言える。

特に私立文系の場合、経済は数式が出てくるので敬遠しがちだが、簡単な微分と指数が必要なだけで、他の数学的知識は不要である。そして本番では見かけ倒しのパターン問題が多いので、ここから逃げてはいけない。経済や民法を捨てる受験生は落ちる。

この対策は後ほど詳述する。

◉ 国家一般職、地上の併願のメイン科目!

国家一般職、地上を併願する場合、専門は憲法、民法、行政法、ミクロ経済学・マクロ経済学（経済原論）、政治学、時事が

メイン科目と言える。

　メイン科目を中心に6科目程度準備し、本番当日、簡単そうな問題から選んで解答するようにしたい。**教養は時間が足りず、専門は時間が余るというのは合格者が口を揃えて言っていること**である。国家一般職は英語（基礎）、英語（一般）を選択する手もある。文章理解の英文の出題増もあり、英語がまったくダメという人以外は、後で述べるように簡単な対策をしておいたほうが絶対にいい。

●得点目標はまず「専門7割」

　得点目標としては、**まず「専門7割」というのが第一目標**である。合格者の多くが自己採点でこの程度取っている。

　国家一般職の基礎能力（教養）は配点が半分なので、足切りをかわす程度の勉強でよい。目標は7割。実際は6割程度でもOKと言える。

　教養の一般知識の1点問題に深入りするより、専門を極めることが大切で、くれぐれも科目間の重要性と勉強時間の配分を間違えないように気をつけたい。近年、SPIやSCOAを1次試験に使うところが市役所を中心に増えてきている。公務員試験対策をやっていれば、レベルはSPIのほうが下なので、無対策で臨む人が多い。**しかし、これが罠である。**解答時間が短いので、ある程度対策するのは必須となるだろう。

◉戦略を立てて受験している受験生は1割もいない!

公務員試験は人生の逆転の大チャンスだ。

受験テクニックや勉強法の考察も、大学受験に比べれば全然進んでいない。

早い話、本書を読んでいるかどうかで全然違ってくる。

今までの公務員受験本は、ほとんどが予備校ないし出版社執筆のもので、真に受験生の立場に立ったものは少ない。

TOEICなどの資格試験に比べても、受験勉強そのものの研究が遅れているのだ。

大学受験で実力を発揮できなかった人もそうでない人も、まさに人生選択の大穴。宝の山だ。

まともに戦略を立てて受験している受験生は1割もいない。みな、予備校や大学がやっている公務員試験対策講座に任せきりで、恐ろしく効率が悪い勉強をしているのが現状だ。

いくらでも方法論で逆転がきく世界なのだ。要領の悪い勉強を行っている大量の人間をごぼう抜きにし、あっと言わせてやろうではないか。

以下、その方法論を詳しく述べていく。

「何から手をつければいいのか?」の本当の答!

予備校はいらない

◎まずは過去問集を買ってこよう!

さて、公務員試験の科目や問題数や試験時間などの概要が
わかったら、次はいよいよ試験問題を解くための勉強の開始
だが、いったい何から手をつけるのがベストなのか?

その答はハッキリしている。あなたが現在、大学の何年生
であろうが、あるいは既卒や社会人であろうが、真っ先にす
べきことは、過去問集を買ってくることである。

◎最終目標から逆算して、今やるべきことを!

何事も結果から逆算していくのが、目標を達成する極意と
言える。公務員受験の場合、目標ははっきりしている。最終
合格だ。では学科の最終合格にはいったい何が必要かと言え

ば、試験本番当日に合格点以上の答案をマークすること以外にない。それがわかっていない受験生が本当に多いのだ。

●「最後に過去問」は✕「最初に過去問」が○

「過去問は実力がついてからの力試し」と思っている人が多いと思う。**大間違いである。**過去問は「こういう出題をするから、準備してきなさい」という出題者側のメッセージなのだ。まず、このことをしっかり頭にインプットすることが大切。**過去問は「合格のための道具」だ。**択一式試験は過去問の焼き直しのような出題が相当多い。公務員試験ももちろんそれに当てはまる。過去問の征服なくして受験資格はない。

そもそも過去問をやらないと、どんな知識をどの程度の深さで知ればいいかが全然わからないのだ。

「過去問が公開されるようになったから、今後は過去問から出しにくい」という噂もあるが、噂にすぎない。過去問は選択肢別に骨までしゃぶり尽くすのが、「最速受験術」の基本中の基本である。

● 現実的なやり方でなければ実行できない!

全科目を隅々までキチンと勉強するというのは、実現不可能な理想論にすぎない。合格のためには理想論は禁物だ。

大学で、講義に出席しなかった科目の単位をどう取ったかを考えてみるといい。まず過去問を眺め、ついで人のノートのコピーを見たはずである。それで十分通ったはずだ。実は、公務員試験もほとんどの教科でこのパターンが通用する。

● 過去問を見れば、勉強の範囲を絞り込める!

過去問の何がいいのかといえば、出るところを出る形式で知ることができるということに尽きる。

過去問研究を十分していれば、勉強範囲が大幅に減るのだ。過去問から逆算し、教材で頭に入れておくべき部分をひたすら読み直して頭に入れるのが受験勉強の極意である。

出ないところは捨てる。この思い切りが大切だ。出ないところを捨てられずに試験範囲の膨大さに圧倒され、勉強がまったく進まないという人が非常に多い。要注意パターンである。

● 「困って予備校に行く」は不合格コース

そうは言っても過去問のあまりの多さに恐れおののき、自分では何をやっていいかわからないため、慌てふためいて予備校に通い出す人が多い。

ここで、予備校の講義を考えてみる。テキストが配られ、解説を聞き、あとはそれを本番前までに適当に読み流しておしまいにする受験生が多い。**不合格街道一直線コース**である。

ただ、近年はネット等で無料または安価な講義動画が提供されてきている。自学自習が基本だが、苦手科目についてはこれらを利用して構わない。

● 予備校の講義では合格答案は書けない!

では、この方法の何がいけなかったのか?

試験は自分の頭で受けるものであって、その先生が受けてくれるわけではない。したがって教わった知識も、**本番の点**

数になる形で頭に入れておかなかったら、何の意味もない。具体的に言うと、公務員試験に出る事項を、公務員試験の難易度程度で、なおかつ公務員試験の形式に沿った形で頭に入れておかなければならないということだ。

　予備校の講義をただ漠然と聞き流しているだけでは、そのように知識を頭に入れることはまず不可能だ。予備校は特定の事項や問題については詳しく解説してくれるが、いかんせん公務員試験の範囲は膨大だ。自分で頭に入れなければならない部分は大量にある。これをわかっていないと、まず落ちる。

◉予備校講師の問題点

　さらに言えば、予備校講師は特定の専門分野を持っている。プライドもある。その結果、全体が見えてこない。

　つまり、自分の担当科目について過剰に教えてしまうことが多いのだ。膨大に試験科目がある公務員試験で、１教科マニアックな知識を入れたところで、総合点で合格点を取れなければ、まったくの無駄である。

　予備校は、面接講座などを単科で取る程度の利用法しかないと思っていい。

◉過去問こそ合格への最短コース!

　では何をやっていけばいいのかといえば、やはり過去問しかありえない。誰が何と言おうが、本番で出される問題に一番近いのはその試験の過去問だ。

過去問を淡々と潰し、「よくわからないけど解けてしまう」というような条件反射マシーンになることが、合格への最短コースである。しょせん試験などというものは、出せる事項もレベルも形式もだいたい決まっていて、それを測るのに最適な指標が過去問だ。勉強を進めていけば自然にわかるが、**過去問から得た知識だけで相当部分が正解できる。**

「過去問は二度と出ない」というのは大嘘で、二度どころか何回でも形を変えて出てくる。捨て問、捨て選択肢以外はしっかり頭にたたきこんでおくことが、合格への必要条件だ。

◉ どの過去問集がいいのか?

　過去問集は「新スーパー過去問ゼミ6」（30ページ、以下「スー過去」と省略）か「本気で合格!　過去問解きまくり!」（33ページ、以下「本気で合格」と省略）、「過去問500」（32ページ）など、各種出版されている。

　各科目についてどれが上かとよく論議になるが、本書では「スー過去」を勧める。しかし、そんな議論をするヒマがあったら、どの過去問集でもいいから、**とにかく1問でも多く潰すようにしよう。**余裕がある科目は複数冊やってもいい。

　過去問を見開きで整理し、解説をつけた「過去問ダイレクトナビ」シリーズ（35ページ）や、「スピード解説」シリーズ（34ページ）もある。学習心理学上、この形式が知識を入れるのには一番速い。大いに活用しよう。

　苦手科目や初めて手をつける科目は、問題と解答が見開きになっているこの手の本からスタートするのが一番速い。

ただし、この手の本で核となる知識を仕入れ、深く勉強しておきたいところだけ、他の過去問集で補強するのがよい。

◉過去問潰しの基本!

これらの本についている旧国Ⅰ・国家総合職の問題も、主要科目は飛ばさずにマスターしたいところである。**旧国Ⅰ・国家総合職の問題は形を変えて国家一般職に出されるという法則**もあり、特に近年のものは解けるようになっておきたい。

主要科目については、過去問集を潰して初めて受験生と言える。それをやらなかった場合は、**話にならない**。潰し方については次の項で詳述する。

◉その他に必要な本

過去問集以外で必要なのは、コンパクトに知識をまとめた薄い本だ。これは試験直前の見直しに有用である。

あとは、その科目の概説をしてある本。たとえば『最初でつまずかない行政法』(218ページ)などである。

概説書は最近、予備校の講義をそのまま本にしたシリーズがＴＡＣ出版等から出ており、それらを中心にしたい。取りかかりやすさや理解・記憶のスピードがまったく異なる。

こういう予備校本をうまく使えれば、革命的に勉強時間が短縮できる。

予備校本のメリット

とっつきやすい	▶	勉強しようという気になる
わかりやすい	▶	理解が早い
印象度が高い	▶	記憶に残る

詳しくは第2部以降で述べていく。

◉講義録でない予備校テキストは×

注意したいのは、講義録でない予備校テキスト（「Vテキスト」[243ページ]）は、予備校の講義を前提にした教材なので、独学にはあまり適していないということだ。これらを主力にしている受験生は、問題演習が不足しないよう、相当の注意が必要になる。

「Vテキスト」の難点

- 量が多すぎる
- かといって理解するには不足する
- 問題としてどこが問われているのか把握しにくい

過去問集の利点

- 実際に出される場所がわかる
- 出題形式がわかる
- 問題形式になっているので記憶しやすい

つまり、予備校テキストは、基本的には不要である。過去問集から直接知識を入れた方が速い。

公務員試験
新スーパー過去問ゼミ6
1問でも多く潰し、読み込め!

資格試験研究会編／定価1980円(税込)／
2020年9月〜2021年2月発行／実務教育出版

概要・特色▶テーマごとに、出題傾向と対策→必修問題→重要ポイント→実戦問題というシステムで学ぶ演習書シリーズ。各テーマに「頻出度」を明示し、試験ごと、年度ごとの出題頻度が一目でわかる。最新の過去問を増補。2020年9月から「新スーパー過去問ゼミ6」が刊行された。

内容評価▶頻出分野や、出題のされ方がはっきりしている公務員試験において、過去問の攻略はまさに必須。**過去問集選びは学習の要である。**

　よい過去問集の条件は次の通り。

・問題と解答・解説が同ページか、同見開きにある（表裏にあるのが最悪）

・旧国Ⅰ・国家総合職の問題も収録している（旧国Ⅰ・国家総合職の問題は数年たって国家一般職に出題されることがあるため）

・似たような問題を整理し、いい問題だけを選んである

・解説が必要最小限で簡潔である

・無用な難問や、出ない問題を載せていない

　この観点から、広く使われている「新スーパー過去問ゼミ」シリーズを見てみよう。

　まず、問題と解答・解説の位置関係が重要だ。本書では、「問題集は解くためにあるのではない。解答やそこにいたる知識を書き込み、テキストとして使う」という方法をお勧めしている。そのため、解答・解説が見づらい位置にあるのは困る。「スー過去」は「必修問題」と「実戦問題」の二段構えで構成されており、必修問題については、解答・解説が同じ見開きにあるので使いやすい。量が多い科目は、まず必修問題を解けるようにすることを目標にしよう。

また、問題の分量や選び方も他の過去問集より優れている。1テーマにつき1〜数問でまとめてあり、旧国Ⅰ・国家総合職の問題もほどよく入っているし、無用な難問などもない。さらに、解き方のテクニックを押さえるのがうまい。必修問題のあとには「POINT」という簡潔なまとめ部分があるのだが、ここの出来が非常によく、また、「FOCUS」という小さなコラムでテーマごとの押さえどころを教えてくれる。

　一方、「本気で合格」シリーズ（33ページ）は、分厚すぎ、こなすのに時間がかかりすぎる。「スー過去」のほうが、学習効果がはるかに上だと考えられる。**かけた時間に対する見返りが違ってくるはずだ。**

　テーマごとに、試験別の頻出度が出ているのもよい。ここを見て、旧国Ⅰ・国家総合職にしか出ていない分野はもちろん飛ばしていいのだ。

　使い方は本文でも詳述した通りだが、とにかく、解こうとしてはいけない。自分で解いていてはいくら時間があっても足りない。**あくまで、答を書き込んで教科書代わりに読む。その読み返しの回数で合否が分かれると思ってほしい。**ただし、文章理解・資料解釈は自分で解かないと意味がないから要注意。

　なお、注意したほうがいい科目もあるので挙げておく。

　民法Ⅰ・Ⅱ（量が多すぎる）、ミクロ経済学・マクロ経済学（初学者には厳しい。他の解説本をやってから）、数的推理・判断推理（全部やるのは無理。ひとまず『畑中敦子の数的推理ザ・ベスト』（141ページ）などのテクニック本を使う）、行政法（解説が薄い）、自然科学（敷居が高すぎる。理系出身者以外は「過去問ダイレクトナビ」（35ページ）を使ったほうがいい）。

　極端なことを言えば、「スー過去」を全部潰せば絶対に合格だ。しかし通常の受験生にそんなヒマはまずない。このシリーズをいかに早く攻略するか。科目によっては科目ごと省く、やる科目にしても捨て問を飛ばして素早くやっていく。これが「最速合格術」の極意である。

公務員試験　合格の500・350シリーズ
過去問500【2022年度版】
○これだけでは戦えないが戦略決定に活用しよう

資格試験研究会編／定価1980〜3630円(税込)／
2020年12月〜2021年3月発行／実務教育出版

概要・特色▶専門・教養それぞれ全教科の復元問題を年度別に整理・網羅した分厚い問題集。

内容評価▶実際の過去問（一部復元問題を含む）が、年度別に、問題配列も含めて再現されている問題集。

　自分の受ける試験の当シリーズは、必ず買っておいたほうがいい。実際のナマの問題で学習する効果は非常に大きいからだ。

　その他の長所として特に注目したいのは、**問題と解答・解説が同見開きにある**ことだ。繰り返しになるが、**このスタイルのほうが圧倒的に学習しやすい。**

　とはいえ、当書を勉強の中心にもってくることは不可能である。いかんせん、解説が淡泊すぎる。誤答選択肢などはひとことで片づけられていることもけっこう多いので、**初心者には向かない**と言える。

　初心者のうちはもっと解説の詳しい本を読み込み、基礎力をつけてからでないと、いったい何を言っているのか理解できず、学習効率が下がるはずだ。くれぐれも勉強の初期にやらないように注意しよう。

　一通り「スー過去」などを潰した上で、本物の問題では1年分がどのように配列されているのか、5問中何問取れそうなのか、そして本番の選択科目は何にするかという**戦略決定に使うのがこの本の正しい使い方だ。**学習のメインにすべき本ではない。

　総合評価としては、「持っている必要はあるが、『潰す』必要はない本」と言えるだろう。

公務員試験
本気で合格! 過去問解きまくり!
書名が変わったが×

LEC東京リーガルマインド編著／定価1980〜2090円(税込)／
2020年12月〜2021年2月発行／東京リーガルマインド

概要・特色▶ まとめ→レベル別になった過去問という構成の過去問集。ほぼ全科目出版。問題と解答は見開き。

内容評価▶ 以前は「ウォーク問」というシリーズだった本。本書では例年×をつけ、かなり批判していた。というのも、受験生にとって決して親切な本ではなかったからだ。

　ところが、本書を見たのかどうかしらないが、ついに最大の欠陥、問題と解答・解説が表裏にあり、ものすごく勉強しにくい点を、前シリーズの「Quick Master」から改正、今回さらに書名変更となった。解答・解説は全問見開きの配置だ。ものすごく勉強しやすく、頭に入りやすい構成となった。問題も旧国Ⅰを含め幅広く収録。解説もまあまあ親切な部類だろう。全問見開きという点では「スー過去」の上をいく。ついにLECが本気を出したかという仕上がりだ。

　しかし、どの科目も大量に問題を載せ、**4センチ近い厚さの大著になってしまっている。**「スー過去」の1.5倍以上だ。これをやり通せば確かに実力はつくだろうが、とても受験生がこなしきれる分量ではない。**「クイックマスターをうたっていながら、全然クイックになっていない。スローマスターだ」と本書が批判したための書名変更かもしれないが、この点も相変わらずである。**

　得点源にしたい科目は買っておいてもいいだろうが、ゆめゆめ全部やろうとしないように。もし利用する場合は、過去10年分のみに絞る等の工夫が必要である。

公務員試験
スピード解説

ほぼ完成形に近い出来

資格試験研究会他著／定価1650円(税込)／
2015年12月～2019年12月発行／実務教育出版

概要・特色▶地方上級、市役所試験をメインに、頻出基本問題を見開きで解説。2色刷り。

内容評価▶実務教育出版が、「スー過去」のライト版と銘打って出版した過去問集。問題はすべて見開きで、ポイントをわかりやすく例示。各科目攻略に必要最低限な分量を、うまく解説している。**過去問集の決定版といってよい出来**で、文句なしに勧められる。他の本に比べて、2倍ぐらい速く学習できるはずだ。

長ったらしい事項の解説も最低限に省き、問題から即解答で、間違いも簡潔に指摘している。問題形式で、**試験に出る知識が出る形式で頭に入る構成**になっている。問題の選定も適切で、非常にうまくまとまっている。

ただし、**本試験で万全を期す教科は、やはり本物の「スー過去」など、1ランク上の過去問集できちんと補強したい。**当書は、過去問を軸に最低限の知識を詰め込むのには向いているが、本試験で高得点をとるには、一部不足するところもある。**かといって、いきなり「スー過去」や、「本気で合格」に取り組むのは挫折の可能性が高い。**まずはこのシリーズで科目の全体像をおさえてしまうのが、学習の能率を上げるのにははるかに有効だ。

なお、解説部分の「2分で解ける！」などといった煽り文句は無視してよい。そんなに短時間で解けるはずがなく、もう少しじっくり解く必要がある。

また、数的推理に関しては、今一つの出来だ。別の本を使ったほうが速い。逆に、教養の文章理解は非常によくできており、ほかの過去問集をやるより、当書を解くほうがはるかに得点力がつくだろう。ともあれ、お勧めのシリーズだ。

上・中級公務員試験
過去問ダイレクトナビ
【2022年度版】

政治・経済　◯ 過去問集の理想形に近い

資格試験研究会編／定価1430円（税込）／2020年12月発行／
実務教育出版

概要・特色▶ 2009年に実務教育出版が出した過去問集。今のところ教養科目のみ。問題文を加工して正文に直して読む形式。

内容評価▶実務教育出版が2009年に出版したシリーズ。左ページに過去問、右ページに解答・解説を載せ、あらかじめ左ページの問題も、赤字で正文に直してある。赤字の入れ方も、紙面がうるさくならず、読みやすさが保たれる程度にうまく押さえてある。紙面は余白がけっこうあり、補充的な記憶事項の書きこみもしやすい。

　つまり、本書の勉強法で勧めている過去問の加工のしかたを、そのまま完成形でいきなり提示している。読むだけで頭に入り、非常に学習がしやすい。分量も国家総合職の問題も含めて各科目100問あり、適切と言える。当書をやっておけば、一応安心できる量だ。

　というわけで、教養の一般知識科目については、理想的加工方法を実際に過去問で施してある、当書が第一選択だ。他の過去問集は読みやすさ、学習の効率のどれをとっても当書には劣る。今までほとんど対策をしていなかった科目でも、当書だけでもやっておけば大いに本番での得点が期待できそうだ。

　もちろん、難点もある。計算問題がほとんど収録されていないため、自然科学の計算問題に取り組みたい人は、他の本で補充する必要がある。

　が、それを補って余りある編集のよさだ。**実務教育出版が、本書の記述を参考にして作ったとしか思えない構成に仕上がっている。**能率よく一般知識を頭に入れたい人にはイチオシである。経済学は難しいだろうが、その他の専門科目の出版も期待したい。

国家公務員・地方上級
出たDATA問 過去問精選問題集
【2020年度本試験問題掲載】

他の良書に押されて評価急落

東京アカデミー編／定価1210〜1760円(税込)／2021年1月発行／
東京アカデミー七賢出版

概要・特色▶東京アカデミーが出版した過去問集。傾向と対策つき。基礎編と実践編に分かれている。解答は切り離し可能な別冊解答。

内容評価▶東京アカデミーから出ている、解答が別冊になっている過去問集。使ってみるとわかるが、この形式は非常に勉強がしやすい。表裏に配列されているものより、効率のよさが倍ぐらい違う。収録問題も国家総合職、国家一般職、地上などをバランスよく集めている。一部の科目には市役所などの過去問を集めた「基礎編」も出ており、苦手科目はそこから取り組むという手もある。

が、大きな難点がある。解説があっさりしすぎていて、単調としか言いようがない編集なのだ。特に初心者には、何を言っているのかわからないような記述が多いのではないだろうか。マスターするにはかなりの実力と意志を必要とする。問題の下か横に解答がある例題形式の本が何種類か出ている現在では、あえて当書をやる必要はない。より勉強しやすい、他の教材を使ったほうがいい。

また、収録されている問題数が多すぎるきらいがある。科目にもよるが、1冊に200〜250問収録している。「過去問を精選した」とのことだが、さらに「精選」して、もう少し一教科あたりの問題数を減らさないと、受験生が全部こなすのは無理な分量になりかねない。

実際に本番で出題されて、差がつく問題ばかりを集めており、「捨て問」はあまり含まれていない。その点は評価できるが、読みやすさを考えると、今年度版では×評価にせざるをえない。今後の編集に期待したい。

公務員試験【2022年度採用版】
過去問＋予想問題集

仕上げに最適!

TAC公務員講座編／定価2310〜3740円(税込)／2021年1月〜2月発行／TAC出版

概要・特色▶過去3年分の過去問を問題番号順に配列、解答・解説をつけた過去問集。解説は親切。問題部分は抜き取り式。

内容評価▶ＴＡＣが出版している年度別過去問集。近年、問題部分が抜き取り式に変更になり、勉強しやすくなった。

　今年度版からＴＡＣの模試が掲載され、実際の問題の選択率、正答率も記載されている。ぜひ仕上げに取り組みたい。特に正答率50％以上で間違えた問題は何度も復習し、取りこぼさないようにしたい。

　国家一般、国税、裁判所、東京都、特別区等を受ける人は併願先も含め、取り組みたい一冊。

公務員試験 論文答案集
専門記述 憲法【第2版】

東京都Ｉ類受験者は必須

公務員試験研究会編著／定価1980円(税込)／2019年1月発行／TAC出版

概要・特色▶過去問とオリジナル問題を論点別に配列。800字と1200字の参考答案付き。

内容評価▶Ｗセミナーで出ていた本だが、ＴＡＣ出版に版元が変わった。内容は変化なく、問題もほとんど同一。東京都Ｉ類Ｂや国税専門官での専門記述試験は、対策本は事実上この本一択だ。当書の答案を読み込んでおけば、まず問題はない。**注意したいのは、参考答案のレベルが高すぎるということ。**800字と1200字のものが載っているが、800字のほうだけ読んでおけば十分。受験生が最高にうまくいって、書けるレベルが800字のほうだ。また、くれぐれも自力でやらないように。読んでおくだけで十分だ。

公務員試験
出るとこ過去問

⭕ 決定版に近い出来

TAC出版編集部／定価1430〜1650円(税込)／2020年3月発行／TAC出版

概要・特色▶専門科目、教養科目とも発売。見開きに問題と解答・解説を収める。LEVEL2として発展的問題も収録。

内容評価▶ついに出たという感じの、見開き2ページ完結方式、問題の下にすぐ解答・解説がある過去問集。「難問、奇問、レア問をカット」というコンセプトで、各専門科目を100問以内にうまくまとめている。

　やってみればわかるが、この構成は圧倒的に頭に入りやすい。当然、無条件でお勧めしたいところではあるが、これだけで合格というのはちょっと厳しく、2冊目をやる必要がある科目がほとんどで、全科目このシリーズを使う必要はない。

　では何の科目で使うかといえば「スー過去」だけではわかりにくく、他の理解しやすい解説本が出ていない科目ということになる。第一候補は行政法だ。行政法の「スー過去」は初心者には相当厳しい。まずはこの本をやるのを勧める。ついで、憲法、民法なども候補に挙がるだろう。

　逆に、行政系科目、経済、教養などは、もっとわかりやすい本が出ていたり、あるいはいきなり「スー過去」から入っても大丈夫なことが多く、このシリーズは不要である。あくまで、理解しにくい専門科目を問題を通して理解するツールとして使うようにしよう。

　けっこう頻繁に改訂しており、最新の情勢に対応している点も心強い。受験生の学習の中心は過去問だ。使いやすく勉強しやすい本を選んでいるかどうかで、学習の効率はおおいに違ってくる。専門の苦手科目で使ってみる手は十分ある。少なめの問題数で、科目全体に見通しが得られることのメリットは計り知れないものがあるからだ。

公務員試験
ゼロから合格　基本過去問題集

◐ だから「カコモン」シリーズの後継　補助として使える

TAC公務員講座編／定価1760円(税込)／2020年11月～2021年5月発行／TAC出版

概要・特色▶専門科目、数的処理の科目別過去問集。章別に事項のまとめを入れ、直後に過去問を掲載。見開きに問題と解答・解説を掲載（問題文の長さにより一部例外あり）。

内容評価▶旧「スーパートレーニングシリーズ」、「だから「カコモン」シリーズ」の後継シリーズと思われる。このシリーズから問題と解答・解説が見開きになり、大変使いやすくなった。一方、出るとこ過去問シリーズに比べると、まとめページの影響からかページ数が多いため多少敷居が高い（憲法の場合500ページ以上ある）。過去問集の主力は「スー過去」などの他のシリーズを使い、当書は**補助として使う**のがベターだろう。

公務員試験
一問一答で論点総チェック

✕ 有用だが国家総合法律職以外は不要

山本誠著／定価1430円(税込)／2020年11～12月発行／TAC出版

概要・特色▶過去問を選択肢ごとに体系別に並べた○×形式の問題集。左ページに問題、右ページに解答・解説を配置。憲法、民法Ⅰ、民法Ⅱ、行政法のみ。

内容評価▶本書では以前から「大卒公務員の過去問1問1答」、「公務員試験1択1答過去問ノック」を×と評価し掲載してきたが、TACから**上位互換**となる問題集が登場。**過去20年の出題論点の95%以上を網羅**しており、質・量ともに十分だ。司法試験受験生の併願者がライバルとなる国家総合法律職受験生には必須となるだろう。一方で、上記以外の受験生にはオーバースペック気味で、×評価とせざるを得ない。なお、不足する改正部分を予想問題で補充しており、その点は評価できる。

公務員試験過去問トレーニング
伊藤塾のこれで完成！
法律科目は使える

伊藤塾著／定価1870円(税込)／2020年1月～4月発行／KADOKAWA

概要・特色▶憲法、民法、行政法、数的推理、判断推理、経済学のみ。オールカラー、問題と解答・解説は見開きで掲載。

内容評価▶元々は伊藤塾の公務員試験講座で配布している「これで完成！演習」（通称「これ完」）の書籍版である。配布されている「これ完」にはまとめページはなく、1ページ1問で問題と解答・解説が表裏印刷という本書が批判するタイプであった。書籍化にあたり**見開きかつオールカラー**になっており、類書を見渡してもトップクラスの見やすさといえる。7割を取るための重要問題、頻出問題を選定しており、同コンセプトである「出るとこ過去問」の憲法、民法、行政法とシェア争いをしていくことになるだろう。また、重要度をS、A、B、Cの4段階でランク付けしており、重要問題順に読み込めば素早く回転させることも可能である。こういう問題ごとのランク付けは直前期になればなるほど有難さがわかるものだ。

　司法試験受験指導校である伊藤塾が著者であるため、法律科目は選択の余地があるが、**数的・判断**は畑中「ザ・ベスト」シリーズ、**経済学**については「最初でつまずかない」のほうがわかりやすく、あえて**買う必要はない。**

　なお、法律科目についてこのシリーズを利用する場合は、同じ伊藤塾の「○○の点数が面白いほどとれる本」（大学受験では通称「黄色本」で有名なシリーズである）との併用になるだろう。特に伊藤塾だけに憲法の出来が良く、法学部出身の受験生は黄色本と「これ完」からスー過去に接続するのがトレンドになっていくと思われる。

　伊藤塾は以前「1冊で合格シリーズ」という主に国家総合職向けの参考書で刑法、商法、労働法を発行していた。今後の発行に期待したい。

過去問集は
こう使う!
落ちる受験生の
典型パターンに注意!

◉買ってきた過去問集との取り組み方

過去問集を買ってきたら、それとどう取り組めばいいのか？

問題集（過去問集）を自力で解くのが受験勉強だと思っている人が多い。大学受験をその方法で突破してきたからなのかもしれない。

しかし、公務員試験は非常に試験範囲が広い。普通の人間は最初の20ページぐらいで飽きてしまい、呆然としたまま本番を迎えてその1年が終わる。

◉いきなり答を読む!

いちいち問題を自力で解いていたのでは、とても時間が足

りないのだ。しかも、そんなことをしてもあまり意味がない。大切なのは、今の時点で自力で解けることではなく、本番までに合格点以上の解答ができるようになることだ。

　だから、**いきなり答を読む**のである。

　問題と答を次々に読んでいき、その中で必要な事項を実戦的な形で頭に入れていくのだ。これなら解くのに比べて、ずっと時間がかからない。

　具体的には、**問題を読んだら、すぐ答を読む**。考えていいのは相当実力がついてからの話で、初心者は考える必要はない。公務員試験の場合、模試と本番前の数回の練習以外、ほとんど考える必要はないと言ってしまってよい。

「考える」とは、頭の中に必要な知識を引き出し、それを操作する作業だ。勉強当初においては、そもそも考える材料がない。

「考える材料をテキストや参考書で頭に入れればいいじゃないか」というのも大間違い。これらの活字だけの本では、どこがどういう形式で問われるのか全くわからない。重要な部分が見当もつかないのだ。そして行きつく先は、知識の無限の樹海と不合格。いいことは一つもない。

　得点力は、考えなくてもスラスラ解けるほど完全に身につけた問題の数に比例する。

　そしてその問題のうち、最優先で身につけなければならないのは過去問だというのが、公務員試験に限らず何の試験においても、合格のための定石である。

◉過去問集への書き込みが大切!

　答を読んだら、その問題を解くのに必要な知識を直接問題文に書き込む。正文には○をつけ、誤文なら間違っている箇所を訂正する。「過去問ダイレクトナビ」シリーズ（35ページ）や「スピード解説」シリーズ（34ページ）は、そういう形式でまとめてあるので参考にされたい。問題集を汚すのをためらってはいけない。**問題集などノートの代わりだと思ってしまえばいい。**

　解説で不明な点などについては、必要に応じて参考書も参照する。そして、その問題集自体を参考書にしてしまうのだ。

◉参考書の理解→問題集で確認という常識は捨てよう!

　つまり参考書は、問題集の解答を読む際の「参考」として問題解決に必要な知識や、その周辺部分を読むという読み方をする。過去問から逆算して読むわけだ。

　参考書から読んでいたのでは絶対に間に合わないから注意しよう。参考書には問題の解き方が書かれていない。それにすべてが試験で出されるわけでもない。**参考書の理解→問題集で確認という今までの常識は捨てよう。**参考書は、知識が実際の問題としてどのように出題されているかの確認という読み方で読む。その知識の関連事項は「今度はこれが出るかもしれない」と、自分で予想を立てながら読んでいくようにしよう。もちろん出題されていない箇所は読む必要はない。こういう部分も相当ある。重要な部分だけに絞って読むことが大切だ。

◉過去問をやった後のほうが参考書も頭に入る

参考書を通読するのは、過去問を一通り潰し終わった後である。**過去問を通して得た知識が核となり、格段に理解のスピードや深さが違ってくる。**

また、そのときも、決して全部通読しようと思わないこと。自分に必要な部分だけを読む。過去問にしてもそうだが、目標に向けて必要なところだけを自分で選ぶことができるかどうかが、合否を分ける１つのポイントだ。

◉過去問集への書き込み方

過去問の加工の際に注意すべきことは、**解説を写せと言っているのではない**ということである。**正解を得るための知識は１つの選択肢につきせいぜい３〜５行でまとめなければならない。**解説を"写経"しても、かえって読みにくい本ができるだけだ。要は正解を選択できるか、あるいは誤答を全部消せるかの、最低限の知識が得られればいいのだ。

問題集によっては、誤答選択肢がなぜ誤答なのか、どうでもいい解説をくどくどつけてあるものがあるので、注意しよう。不要な知識を詰め込んでも仕方がない。

つまり、**正解を得るために必要な知識と、誤答を消すための知識は、レベルが違う**のである。

専門科目は誤答も根拠を持って消せるようになる必要があるが、時間をかけられない科目（一般知識など）では、誤答を消すための知識にハマらない注意が必要である。５択なのだから、単純比で４倍速度が違ってくる。

◉落ちる受験生の典型パターンに注意!

作業を進めているうちに**誤答選択肢特有の言い回し**などがわかってきたらしめたものである。

そういうものは、すかさずメモしておこう。大きな得点力上昇のきっかけになる。他の科目の選択肢もそういう言い回しが使われていることが多いことに気づくはずだ。

答を読むときに重要なのは、1問終えるごとに、その場で正答が得られるかどうかチェックしておくこと。**その場で解けなかったら、本番でも絶対に解けない。**ここがわかっていない受験生が非常に多い。

問題を読む→わからない→答を読む→ああ、なるほど→次の問題へというのが、落ちる受験生の典型パターンである。

大学受験でこういう方法をとっていた心当たりがある人は、絶対に修正しておくべきだ。これは勉強しているようで、勉強になっていない。ああ、自分は勉強しているんだなあという安心感を得るための気休めにしかなっていない。

勉強とは、問題解決に必要な事項をその場で頭に入れ、その後もそれを保持しておくことである。その場で頭に入れずに、あとで入れればいいやと無意識に思っている受験生が多い。この方法だと、直前になって記憶すべき事項のあまりの多さに頭がスパークし、爆発する。

これを防ぐためには、忘れてもいいから絶対にその場で頭に入れなければならない。**特に数的推理や判断推理、経済**ではこの方法をとらないと、いつまでたってもだめだ。

過去問集への書き込みの例　◯よい例

【No. 41】明治維新後の政府の施策に関する記述として最も妥当なのはどれか。（国Ⅱ教養）

県令は政府が任命した
他藩出身者

1. ~~明治4年（1871年）~~ に行われた廃藩置県に対しては、収入を絶たれることとなる旧藩主や藩士を中心として抵抗が強かったため、政府は、旧藩主を華族とした上、~~そのまま~~県令（県知事）とし、藩士を士族として、それぞれに家禄を支給することとして、これらの抵抗をおさえた。

2. 明治5年（1872年）、学制が公布され、順次全国に小学校が設けられることとなった。当初から小学校は義務教育とされ、政府の負担によって授業料は~~無料~~であったため、国民の反対はなく、平民の子弟もほとんどが就学することとなった。
有料

   唯一ではない

3. 明治5年、政府は、国立銀行条例を制定し、我が国~~唯一~~の国立銀行であり唯一の貨幣発行銀行である第一国立銀行が設立された。同銀行の統一的な貨幣供給政策と三井銀行をはじめとする私立銀行の協調によって、物価の安定が図られた。

④. 明治6年（1873年）、政府は、地租改正条例を公布し、全国的に土地測量を進め、地券を交付することによって課税対象者である土地所有者を確定し、また、安定的な税収を確保するため、課税基準を従来の収穫高から法定地価に改めた。

5. 明治9年（1876年）、政府は、増大する政府支出を削減するため、家禄や戊辰戦争の功績に対して支給していた賞典禄（両者は合わせて秩禄）を、金禄公債証書（秩禄の数年分の額の公債）を交付することによって廃止するとともに、華族・士族制度を廃止~~した~~。
されていない

よい書き込みの例
・必要最小限になっている

【No. 54】 A～Dは我が国の人口に関する記述であるが、妥当なもののみ
をすべて挙げているのはどれか。(国Ⅱ教養)

A. 平成 12 年（2000 年）国勢調査によると、我が国の総人口は、第
二次世界大戦後一貫して増加を続け、昭和~~50~~（1975 年）には1 **42**
億人の大台に乗った。平成 12 年 10 月1日現在では、~~一億 3000 万人~~ **1 億 2600 万人**
を超えており、人口性比（女性 100 に対する男性の数）は~~105~~となっ
ている。 **95.8**

B. 第二次世界大戦後の我が国の5年ごとの人口増加率について見ると、
昭和 50 年（1975 年）は、昭和 45 年（1970 年）に比べ、第二次ベ
ビーブームによって戦後最高の~~20~~%の高い率を示したが、以降は出生 **6.9**
率の低下もあり、平成 12 年（2000 年）は、平成7年（1995 年）に
比べ、戦後最低の~~5~~%台にまで落ち込んでいる。 **1.1%**

Ⓒ. 平成 12 年（2000 年）10 月1日現在における男女年齢別の人口構成
図（人口ピラミッド）によると、その形態は、第一次ベビーブーム世代と
されている 51～53 歳と 第二次ベビーブーム世代とされている 26～29
歳 を中心とした二つの膨らみをもつ「ひょうたん型」に近い形となって
いる。

D. 平成 12 年（2000 年）国勢調査結果などをもとに推計された「日本
の将来推計人口（2002 年1月推計）」によると、人口は今後もゆるや
かに増加し続け、65 歳以上の老年人口が 25%を占める 2050 年にピー
クに達し、~~その後、減少に転じて 2100 年には1億人の大台を割るもの~~ **2006 年に 1 億 2774 万人でピークに達した**
~~と予想されている。~~ **後は長期減少し、2013 年にほぼ現在の人口に**
戻り、2050 年には 1 億 60 万人～9200 万人
になる。

1. A

2. A、B

3. B、D

4. C

5. C、D

よくない書き込みの例
・マーカーの塗りすぎ
・解説丸写し（D）
・正文（C）は、○をつけ、1カ所マーカーを引く程度でよい

●記憶に残すための効果的な勉強法は「横の反復」

　全教科でこの作業をしていくわけだが、本には読み方があるので要注意。**人間の記憶力はそんなに優れていない。普通にやっていると、1冊加工し終えたころにはほとんどが記憶から消滅している。**そこで以下のようなシステムを取る。

1日目	最初の作業
2日目	1日目やったものをざっと読んでから2日目の作業
3日目	1～2日目にやったものをざっと読んでから3日目のものをやる
4日目	2～3日目にやったものをざっと読んでから4日目のものをやる

　つまり、一度新しい問題をやったら、最低3回連続で見直せということである（**横の反復**）。

　人によっては5回ぐらいかかる場合もあるので、自分なりのパターンを開発してほしいが、**要は間をあけずにこまめに復習するのがポイント。**

「1冊全部やり終えてからひたすら繰り返す」という方法はきわめて効率がよくない。「『スー過去』を5周した」などと自慢する人がよくいるが、何周しようがマスターしきれていないことが多い。

「エビングハウスの忘却曲線」というものがある。人間の記憶は、覚えた20分後には半分に減り、2日後までなだらかな曲線で減り続け、さらに2日後から急カーブで下がりだす、というものだ。つまり、覚えた事項は直後に見直さなかった

ら、ほとんどすべてが頭から抜け落ちる。無駄なく記憶するには、これを十分理解した勉強方法をとるしかない。

◉ 1冊やり終えたら今度は「縦の反復」

そうやって「横の反復」をしながら1冊やり終えたら、今度は一気に復習することが大切である。できれば1日で全部読み切る（**縦の反復**）。「その科目の情報を一気に概観する」ということを何度も繰り返すことでしか、真の理解や、点数増につながる知識は得られない。

なお、過去問演習に特にありがちだが、繰り返し勉強して正解の番号を覚えてしまっていると、残り4つの選択肢の検討がおろそかになる。縦の反復の際は、誤答選択肢も、捨て選択肢以外は「なぜ誤答なのか」を意識しながら読んでいくようにしよう（先に述べたように誤答を消すための知識に深入りしすぎてはいけないが）。

▶▶▶**コラム**◀◀◀　「縦の反復」が勝負を分ける!

最終的には、この縦の反復を直前期までに何回できたかが勝負の分かれ目になる。

逆に言えば、普段の勉強を通じて、直前に1日で見直せるような本を何冊作っておくかが肝心ということだ。

そして、その本の中でも、マスターすべき部分と、読まなくていい部分とを選別できているかどうかが大切だ。日頃から、そういうことを意識していないといけない。

●「捨て問」はためらわずに捨てる!

　過去問には**「捨て問」**が存在する。

・解説を読んでもさっぱり理解不能な問題

・明らかに本番で5分以上かかる問題

・二度と出題されなさそうな問題

　などだ。

　選択肢別でも多々存在する。

　そういうものは自分で判断して、捨てる。

　実はけっこうな数が存在する。試験に満点はいらない。総合で合格点を上回っていればいいのだ。あくまで総合点を伸ばすような勉強を心がけよう。そのためには、捨て問は躊躇なく捨てる。**このプロセスをバサッと実行できるかどうかで、合格の可能性が相当変わってくる。**

　合格する人というのは、常に「合格点が取れればいい」という全体からの視点がしっかり身についているから、捨てる問題はどんどん捨てることができる。

　普通の受験生は、得意科目ほど捨て問にこだわるので要注意。些細な事項のマニアになる受験生は落ちる。そもそも専門科目などは、いくら勉強してもきりがないという性質のものだ。奇問難問は捨てていい。

　そんなものより、標準的な問題をスピードを持って解けるようになることのほうがはるかに大切である。瑣末なことにこだわるより、全体の見通しを素早く立てるほうがはるかに重要だ。完璧主義者は必ず落ちる。過去問であれ何の教材であれ、すべてをマスターする必要はまったくない。

　数的推理、判断推理なら毎年1～3問、専門でも各科目毎年1問は捨て問がある。

　模試や予想問題集では、わざと難度を上げているので、もっと多い。

　模試で正答率50%以下の問題は無視してよい。

　やらなくていい問題を、躊躇なく飛ばせるかどうかが「最速受験術」マスターへの大きなポイントだ。

◯過去問は何年分やればいいのか?

　分量としては、**専門科目は10年分程度、教養は出題傾向を知る意味で5年分程度**やり、あとは他の本をやるのがベストである。

　時事や国際関係など、昔の問題があまり役に立たない科目もあるので、こういう科目は過去問以外の本も欠かせない。

◉ 問題集は過去問以上に「捨て問」が多い!

　過去問が終わったら、問題集をやっていくことになるが、その際は、**過去問以上に「捨て問」が出てくる。**どんどん飛ばそう。たとえば難易度別に編集された過去問集で、「難」に分類されているものは即捨てだ。

「出ない」と自分で判断した問題（選択肢）はやる必要がない。その結果、余裕を持って勉強を進められる。焦りまくっている一般の受験生とは大違いだ。ぜひこの「勝ち組」に入ってほしい。

◉ 過去問を自力で解かないように!

　最後に言っておくが、くれぐれも過去問を自力でやろうなどとしないように。過去問は知識を入れる道具で、条件反射で解けるようになっておけばいい。条件反射の積み重ねこそが実力である。

勉強法の
常識とウソ!
間違いだらけの勉強法

◉基本書は不要である!

　基本書とは学者の書いた専門書のこと。法律系や経済系ではおなじみの存在である。学者仲間の突っ込みを受けたくないせいか、いったい何を言っているのか不明なものが多い。

　こういう本は、試験合格という観点から見れば、まったく不要である。試験というのは問題が出るのであって、問題中心に整理された本でなければ、載っている事項を点数に変換することは難しく、できないのが普通だ。

　基本書は辞書として持ち、本棚の飾りにしておけば十分で、間違っても受験勉強のメインに持ってくるべきではない。前述したことだが、基本書を受験向きに直したテキスト（「Ｖテキスト」など）も大同小異だ。しょせん文章中心であ

り、しかも中途半端なまとめ方で、頭に入るスピードが落ちる。**これらを勉強の主力にしている受験生は落ちる。**

◉ 過去問集以外に使う本

　試験対策として、過去問（問題集）以外に使う本としては、**その試験向きに要点を効率よくまとめてある「加工本」**（たとえば『行政5科目　まるごとパスワードneo2』[240ページ]）か、**「理解本」**（たとえば「最初でつまずかない」シリーズ[218ページ]）がメインとなる。

　前者は過去問の知識を集約して整理したような本で、最終的にはそれを覚えればいいという意味で、有用である。

　後者は初学時などに気軽に読み、**理解の補助として使うだけ**である。読み流せばいいのであって、間違っても完璧に理解しようとしたり、ましてノートなど作らないように。あくまで試験対策には、問題集の記憶を中心にするように心がけよう。

◉ 教材でわからない部分があったら

　わからない部分があるのは当たり前だ。

　そこにとらわれすぎ、それを解決しないと気がすまない人々がいる。こういう人は落ちる。

　とりあえず全体を見通してからでないと、その事項の重要性もわからないし、全体を見て初めて理解ができるものも多い。**わからない部分が多少あっても一気に通読してしまうのがポイント**だ。細部にこだわってはいけない。

また、数的推理などを除けば、大抵の事項はネットで検索すれば何か説明を書いたサイトが出てくるはずである。フル活用したい。

◎理解はいらない！　本質は記憶

公務員試験は学問でも何でもないし、満点を取る必要もない。

だから、**その分野に関する深い理解などさらさら必要なく、日頃の勉強から淡々と記憶すべきものを記憶している人の勝ちである。**

「理解を重視した勉強」と称して、予備校の看板講座をとりまくったり、基本書を「精読」したりしている人たちは、みんな落ちる。

理解したほうが覚えやすいという事項以外は、単純に記憶していかなければならない。

◎主力教材はメイン科目で2〜3冊に！

教材の情報にやたら詳しい参考書・問題集オタクになってしまうと、まず落ちる。

なぜかと言えば、つまみ食いだけして断片的にしか身についていないからだ。

具体的に言えば、ある専門教科で何冊も問題集をやったのに、国家一般職本番（専門）では5点中3点だった……というような人は、どの本も中途半端にやっているからそうなってしまうのだ。

受験の勝負は、ある本の中身の9割を完全にマスターしているかどうかだ。

ある本を完全にマスターして、まとまった知識の体系を作っていないと、いつまでたってもその科目は得点源にならない。断片の情報が増えていくだけだ。

だから、主力教材はメイン科目で2～3冊、周辺科目なら1冊でいい。

戦力の集中は兵法の基本。複数の教材をこなすヒマがあったら、今持っている教材の読み返しに当てたほうが、5倍ぐらい効率がいい。

サブの教材は、自分が持っている本ではどうしても理解できない場合の説明の補助や、ある特定単元（苦手単元）の強化など、特殊な目的で使うだけで十分だ。

「みんながやっているから自分もやろう」という意識で、いつのまにか教材を大量に抱え込んでしまうパターンが一番危ない。「あっちの教材のほうが出来がいい」という世評に惑わされ、今やっている教材を放棄して乗り換える、などというのは暴挙も暴挙。地獄のかまどに自ら乗り込んでいくようなものだ。注意しよう。

◉ 意味のないノートは作るな!

ノートやカードでまとめるのは、意味がないのでやめたほうがいい。

結局できあがったものは市販の参考書の縮小版で、必要な知識を網羅しているわけでもなく、自分の汚い字で書いてあ

るだけの代物というパターンに陥るだけだ。

　しかも、自己満足のあまり、まったく頭に入っていないということが非常に多い。**最悪パターンだ**。そんなヒマがあったら問題集に直接書き込み、1回でも多く読み直すことを優先させよう。

「そんなこと言っても、問題集の余白になんか書ききれないだろう」という反論がある。

　それは甘い。**公務員試験レベルで、問題集の余白をはみ出すような書き込みをしているということは、不要なことまで延々と書き込んでいることを意味する**。

　問題を解答するのに必要最低限のことだけ書けばいい。余白に書ききれないようなことは試験には不要だ。

◎「記憶ノート」を作って何度も目を通そう!

　ノートで作っていいのは、3回以上目を通してもどうしても覚えられない事項を簡潔に書いた「記憶ノート」だけである。

　これも科目別に分けたりせず、時系列で簡潔に書いていくことが肝要だ。

　また、何回かやっても覚えられない事項だけを書いていくようにする。これをわかっていないと、過去問やその他の教材の要点の抜き書きのような代物ができあがってしまう。

　この「記憶ノート」を**1日1冊は読む**ようにしよう。これを実行するかどうかで、知識の定着率が根底から違ってくる。

よい「記憶ノート」

○研究結果発表の自由は学問の自由に含まれる。

○大学の自治の主体に学生は含まれない。（判例）

○PET＝ポリエチレンテレフタラート。
　　　　縮合重合

○１モル＝ 6.02×10^{23} 個の集団、
　　　　これの質量が分子量（C＝12）

○リースマン＝伝統志向型、内部志向型、
　　　　　　　他人志向型

○デュルケーム＝アノミー（無規制状態）
　　　　　　　　　（あのデュルケーム）

よい点
・科目別に分けていない
・思いついた語呂合わせなどがある
・字が大きい
・簡潔

○表現の自由
　自己実現の価値と自己統治の価値がある。
　後者はメディア等による国政に関する情報の提供が国民に関し
政治への批判素材をもたらし、国民はそれを基に自らの権利の
充実を図りうる意味で「基本権の基本権」という。
条文 21条　集会、結社及び、言論、出版、その他一切の
表現の自由はこれを保障する。
判例　わいせつ性表現は規制【チャタレー事件】営利広告も
表現の自由の保障を受ける。

よくない点
・参考書のまとめにすぎない。長い
・字が小さい
・記憶の補助がない
・科目別にしてしまっている
・空きスペースがない

◉マーカーの使い方

ほとんどの人が、教材の重要な部分にマーキングしていると思う。

これは大変いいことではある。視覚に訴えかけ、記憶の契機になる。

だが、これにも注意点がある。

まず**塗る部分は、本の3分の1以下にしなければならない。**全部の行を塗っているような人をたまに見かける。これでは何も塗っていないのと同じことだ。

▶▶▶コラム◀◀◀ 「記憶ノート」の作り方

・科目別に分けない（分けたら冊数が膨大に増え、見直しができない）

・大きな字で書く（小さい字では頭に入らない）

・自分なりの語呂合わせや、「過去問や模試で出た！」などという、記憶のきっかけを書いておく

・あまり綺麗なものを作ろうとしない（なぐり書きで十分。綺麗なものを作ろうとすると異常に時間がかかる）

●予備校の功罪

　再度、予備校について述べる。

　結論から言うと、予備校は不要である。

　予備校の講義が必要なのは、膨大な知識をうまくまとめる必要があり、なおかつ市販の教材に良書が少ない司法試験、司法書士、公認会計士ぐらいで、公務員レベルでは必要がない。市販の参考書で十分である。

　確かに講義で聴いたことは印象に残りやすいが、結局講義だけではすべてをカバーするのは無理である。

　予備校でやっていることは、試験に必要な範囲の一部をわかりやすく解説しているだけで、総合点で合格点を取る発想がない。実際には、大量に独学で身につけなければならないことがある。**予備校に通っている人は絶対に勉強を予備校任せにしないように！**　試験勉強は自分で吸収しないと落ちる。

　予備校の欠点としては、単位時間あたりに学べる事項が独学より落ちる、自分のレベルで理解できない講義は復習ができないしわからないまま放置される、授業に出ただけで勉強した気になり実は頭に入っていないなど、多々ある。

　特に最近の公務員受験業界では、大学受験参考書業界の影響を受け、予備校の講義をそのまま活字にした講義本が多数売られているので、理解の補助にそれらを使えばいい。講義をレギュラーで取る必要はない。どうしても独学では理解しにくい科目の講義だけを受ける程度にすべきである。

　合格体験記などを読むと、予備校に通っている人が多く、強迫観念に駆られる人も多いと思う。が、合格体験記は、ほ

とんどの場合各予備校に執筆者を依頼しているので、予備校の宣伝媒体となっているのが実情だ。実は独学のほうが速い。誘惑に負けないように。

予備校が宣伝する「カリスマ講師」の正体は、余談が面白いか、やたら高級な試験に出ないことを講義しているか、本人のキャラにカリスマ性があるかのどれかで、**その講義を受講していないと試験に不利であるなどということはありえない。**

インターネットでは今日も、あの講座がいい、これはダメなどと予備校講師評論家が評論活動に忙しいが、**こういう人たちは全員落ちる**ので、気にせず独学で進めていくべきである。

◉ 予備校の講座を取った場合

万一、予備校の講座を取った場合、講義の復習は当然として、講義に合わせて該当分野の過去問を潰していくことを忘れないように。たらたら講義を聴いていても、不合格者その他大勢に入るだけで、ただの「お客さん」となる。

インプット即アウトプットで、その分野の必要知識はその講義を契機に全部マスターするぐらいの意気込みが必要である。

なお、アウトプットはインプットの３倍が目安である。

また、言うまでもないが予備校は大規模なところに行くようにしよう。ＬＥＣ、ＴＡＣなどから選ぶべきだ。それ以下の少人数のところは、面倒見がいいメリットはあるにせよ、どうしても試験の分析力という点で落ちる。

▶▶▶**コラム**◀◀◀　**講義の復習**

　授業が終わった直後に、今の授業の内容を思い出す練習をしよう。

　授業を受けていない人は、ぼーっとしている時間に、今までの勉強内容を思い出す練習をしてみる。

　やっているのといないのとでは、記憶の定着率が全然違ってくる。

◉通信講座よりネット解説動画のほうが使える

　実務教育出版などの通信講座で勉強しようと思っている人も多いと思う。

　これも結論から言うと否定的だ。

　市販の参考書のほうが出来がいいことも多く、そもそも続けるのにかなりの意志を必要とする。

　独学するためのよい教材がない工学系などは別にして、自力で教材を買ってこなしたほうが速い。

　地方の人などもアマゾンなどのネット書店で本を買えばいい。

　最近はYouTubeを中心に有名講師（寺本康之氏や石川秀樹氏等）が自著を使用した解説動画を出している。これらは無料もしくは月額1000円以内の安価であり、苦手科目については利用するのはありだ。

　もっとも勉強の基本は自学自習であることを忘れないように。

◉模試の受け方

　各予備校や『受験ジャーナル』誌（実務教育出版）で、模試を実施している。**「模試は実力がついてから受ける」という受験生は、永久に実力がつかない。今すぐ受験しよう。**

　模試は各予備校が問題傾向を研究した上で、真剣に本番の問題を当てにきている。マスターしないだけ損である。

　模試は本番のシミュレーションの意味合いもあるので、可能な限り、予備校実施の会場受験のものを受験したい。

　『受験ジャーナル』の誌上模試は不要である。なぜなら成績処理がないため、他の受験生のどれぐらいが正解したのかという正答率がわからないからだ。そのかわり、各予備校が実施する直前模試は、最低２つは受験したい。

　これをやっていないと、ペースメーカーが構築できないので、士気が上がらず勉強の効率が下がる。

　模試は、受けたら受けっぱなしで復習しない人が多いようだが、それではまず落ちる。**受験したあとが勝負**だ。点数や判定はどうでもいい。

　誤答した、あるいはカンで当てた問題のうち、**本番で解けなければいけないと自分で判断した問題**については、過去問と同じ加工、同じ復習の仕方で徹底的にマスターすることが何よりも大切だ。

　本番で解かなくていい問題はためらわずに捨てる。

　復習すべき問題（正答率50％以上で間違えてしまった問題（時事は除く））を選別したら、問題の復習のついでに、今までやった教材の該当分野も必ず見直しておくこと。これをやっ

ているかいないかで、知識の定着度がまったく違ってくる。

　自分が実際に受験した模試に出題されたというのは、印象度を高める強力なきっかけなので、これを利用しない手はない。

▶▶▶**コラム**◀◀◀　**模試でも「捨て問」をすることが大切**

　模試の復習の際も、**本番で捨てる問題（あるいは知っていなくてもいいようなことが書いてある選択肢）は躊躇なく切り捨てる。**

　特に模試の問題は本番より難易度が高い細かい知識を問うてくることが多い。思い切りが勉強時間を減らすポイントだ。

　模試はコピーしてノートに貼りつけ、自家製問題集を作るのが望ましいのだが、そこまでしている時間的余裕がない受験生が多いと思う。最低限、以上の作業を実行しよう。

　模試の見直しは最低５回を心がけよう。受験直後に２回、本試験の直前に３回は見直しておきたい。

▶▶▶**コラム**◀◀◀　**「模試ノート」を作るときの注意点**

　模試を自家製問題集にする場合、ノートの見開きに、問題を左ページ、解説を右ページに貼る。**絶対に表裏にしてはいけない。**

○○○○受かる受験生のパターン○○○○

・過去問からスタートする

・選択肢別に検討し、正解以外の選択肢からも知識を得る

・どうでもいい知識は省いて勉強を進められる

・一応その場で頭に入れるという作業を怠らない

・繰り返し復習し、自分なりの復習システムを持っている

・模試を何度も受験し、徹底的にマスターしている

・受験情報に必要以上に気をとられない

××××落ちる受験生のパターン××××

・まず参考書から読む

・正解の選択肢以外は無視する

・理解できない事項や解けない問題が気になって仕方がない

・自分でノートをまとめる

・得意科目はやたらマニアックな部分まで追求し、苦手科目
　はほとんど手をつけなかったり捨てたりする

・繰り返しが嫌いで、次々と新しい教材に手をつける

・予備校の講義を聴いて安心している

・過去問は二度と出ないとしてやらない

・その場で覚えず、直前で覚えればいいや、と思っている

・予備校講師や参考書の情報だけにやたら詳しい

本番で確実に思い出せる「記憶の方法」
忘れて当然のことを忘れないようにする

●「思考力」より「記憶の量」

　先にも少し述べた「記憶の方法」（48〜49ページ）について、ここで詳しく説明しておこう。

　公務員試験の受験においては、文章理解を除くすべての科目が、事前に頭に入れている知識の差で勝負がつく。

　制限時間がある以上、思考力を使ってその場で解答を出していくのはまず無理だ。**条件反射で解くしかない。**

　数的推理などは「思考力が重要」と思っている人も多いと思うが、そんなことはなく、あくまでパターンで解く。

　1問あたりせいぜい5分しかかけられない試験では、思考力でどうにかするヒマなどない。知っているか知らないかがすべてである。問題文を読んだ瞬間に必要な知識やパターン

を引き出せるかどうかに、勝負はかかっている。

そのためには、「知っている事項」や「ああこのパターンだな」という問題を、日常の勉強でいかに増やすかということが重要で、これが受験勉強の主要作業である。

落ちる人は自分で考える。受かる人は最初から知っている知識を操作しているだけなのだ！

◉「出ることを覚える」がすべて!

したがって受験勉強の本質は、簡単に言ってしまえば「**出ることを覚える**」。これだけだ。「問題→あのパターン（知識）→答」の蓄積がどれだけできているかということだ。

逆に言えば、数的推理などでは、解答を読んでも意味がわからず、「あのパターン」と自分で分類できないような問題は飛ばしていい。「捨て問」だ。

また、問題の答を自分で考える必要はない。解答から逆算して必要な知識をマスターしていくだけで十分なのだ。

考えたほうが知識は定着しやすいという人もいるが、それはある程度知識がある科目や復習時の場合であって、最初の教材をやるときは不要である。

したがって、問題を自力で解く必要は全くない。自力で解くのは模試だけ。あとは答を見ながら問題集を潰していくだけでOK。再度言うが、参考書はあくまでサブとして使う。

◉参考書や問題集はわかりやすいものを使え!

具体的な記憶のコツに話を移すと、まず当然のことながら、

「わかりにくいもの」と「わかりやすいもの」では、「わかりやすいもの」のほうが覚えやすい。したがって参考書や問題集はできるだけ公務員試験に特化したわかりやすいものを使うべきである。進み方が数倍違う。

　幸い予備校の講義をそのまま本にした「まるごと講義生中継」シリーズ（ＴＡＣ出版）他が出ているので、特に初学の科目などはこういう本を使っていくのが大切だ。

　間違っても学者執筆の難解な基本書などを使ってはいけない。予備校テキストも同様だ。「Ｖテキスト」の信者は放っておき、問題集中心で行くべきだ。何の本がいいかは第2部以降で述べる。

◎ その場で思い出すことがコツ!

　記憶しようとしている事項をただ漫然と読んだり写したりしている人がよくいるが、このパターンも危ない。

　読むだけですむのは記憶の維持の場合に限る。**1回目の記憶の際は、必ずその場で「思い出す」ようにしよう。**

　記憶というのは、まずその場で短期記憶ができ、それを長期記憶へと変化させることができるということだ。短期記憶ができていないものは絶対に忘れてしまう。

　したがって、何か覚えようとするときは、その場で覚える対象からいったん目を離し、「思い出してみる」ことが大切なのだ。思い出す訓練をしていないものは、いずれ忘れる。

　といっても公務員試験の場合、選択肢からなんとなく判別できればいいという特徴があるので、この方法を厳密にやる

必要があるのは数的推理や判断推理ぐらい。他の科目はその場で問題文を眺めて正解が出せ、誤答がはじければよい。

　数的推理や判断推理は、問題を読んで（ここでは解かず）、すぐに解答を読み、「なるほど」とそこで終わりにしてはだめ。その解答を見ないようにして、その場で自力で解いてみるのだ。解答を読んだばかりにもかかわらず、解けない場合もあるものだ。解けるようになるまで、解説を読む、自力で解くを繰り返す。これが「思い出してみる」ということで、**これをやっておくのとやらないのでは全然違ってくる。**

ダメな勉強のやり方

テキストを読んで線を引き、先へ進む。

▼

問題集を自力でやり、正解ならラッキー、
間違いなら解説を読んで納得して終わりにする。

最速受験術

テキストは簡単なものを、概略だけつかむためにざっと読む。

問題集は答を最初から読み、正文に書き直して、
その場でチェックする。
数的科目や経済はその場で自力で書いて解いてみる。
解けるまでその場でやる。

それを何度も読み直す。

●「再認記憶」を作ろう!

　記憶には「再認記憶」と「再生記憶」というのがある。前者はその場で見てなんとなく思い出せればいい程度の知識、後者は本当に記憶し、自力で書くことができる程度の知識を意味する。**公務員試験の場合、専門記述論文を除けばほとんど前者なので、まずはこのレベルの記憶を作っていくことを目標にしよう。**

ダメなやり方
テキストを完全に記憶しようとし、
空で言えるぐらいまで読んだり写したりする。

最速受験術
選択肢から思い出せればいいという大原則をしっかり理解し、
問題で問われるキーワードだけを押さえる。

●しゃべって覚えることが大切!

　では覚えるにはどうするか。

　一般に、読むより書く、書くより話すほうが記憶に残る。だいたい倍ぐらい残り方が違うと思っていい。記憶の印象度や持続時間がまったく違ってくる。

「再認記憶」を作るのに一番速い方法は、覚えたことを人にしゃべってみることだ。しゃべることで、自分の理解度が自動的にわかるし、記憶も強化される。そこで、ICレコーダー

を持つようにしよう。スマホにほとんどついているが、専用機を買ってもいい。覚えたいことを適当に吹き込み、暇なときに再生しているだけで、記憶量は飛躍的に増える。勝手に覚えられるので、是非お勧めする。

また、書くほうは**忘れやすい事項を簡潔に書いた「記憶ノート」を作って定期的に見直す**程度にとどめ、いちいち書いて覚えることは避けたほうがいい。書く時間でその数倍読めるし、マーク式の試験では、書くことは要求されないのだから。

とにかく、一度覚えた事項は、自分の頭の中だけに置いておかずに、どんどん話すなり使うなりしたほうが、はるかに記憶は強化される。

◉ 参考書を覚えようとしてはいけない!

すべてをしっかりと記憶しようという意識で、問題集以外の本を読んではいけない。参考書を1回目から全部覚えようなどとすると、必ず挫折する。

参考書は、問題に出るところと出ないところがあり、全文覚える必要などない。

出題されることの8割は全体の2割の部分から、という「パレートの法則」がある。その2割を知るには、**まず過去問を覚え、記憶しておくべきことを知った上で、参考書に戻る、というステップをとる**。その科目の初歩を学ぶときは、初歩的な本をざっと通読する程度で十分である。

1回目で全部覚えようという人がいる。これは人間には無理。**忘れてもいいからとにかくその場で詰め込む→復習で再**

度頭に入れるという方式で何回も繰り返さないと、常人は頭に入らない。

　1回で全部覚えようという元気のいい姿勢は即刻捨てたほうがいい。その場ではすぐ忘れるような記憶でも構わないので、繰り返しの回数で勝負してほしい。復習がきわめて重要だ。

◉忘れることを恐れるな!

　もちろん、その場で覚えても、忘れる日がくる。それを恐れてはいけない。**一度も覚えていないことと、一度覚えたが忘れてしまったことというのは、天地の差がある**。復習を繰り返すことで、再記憶に要する時間も減少し、頭の中でどんどん整理されるようになる。

　1回とか2回3回ぐらいで覚えられるのは天才だけだ。普通は集中的スピードと、圧倒的反復回数でそれをカバーするのだ。復習は過剰なぐらいにやっておいてちょうどいい。あとで思い出す量が全然違ってくる。

　とにかく受験勉強の極意は復習の回数である。これに尽きる。**「横の反復」「縦の反復」（48～49ページ）とも、自分なりのシステムを作っておくことがきわめて大切だ。これをやっているかどうかで、ほぼ合否が決まってくる。**

　電車に乗っている時間や講義と講義の空き時間、待ち合わせの時間などのすきま時間に、復習をどれだけやっているかが大きな差を生む。合格者の中には数カ月の間に80回以上も繰り返す者もいるのだ。

受かるシステムの例

問題集の同じ問題を3日連続で見直す。

▼

やり終えたら少し間をおき、1日で一気に通読する。

▼

これを繰り返す。

● 丸暗記のコツ

本当に丸暗記する必要がある、ただの暗記事項というのが受験勉強にはけっこうある。一般知識をはじめ、専門科目でも多々ある。理屈どうこうではない部分だ。

そういったものの暗記の際には、語呂合わせや意味づけといった補助をなるべくつけるようにしたほうが効率がいい。

語呂は頭文字だけ取る、なるべくリズムよく覚えるなど、多数のテクニックがある。

意味づけのほうは、問題にこういう形式で出題されていたから、というような意味や、あるいは理解を通した意味づけなどもある。

こういうものをつけていないと、「復習を繰り返していたのに、なぜかど忘れしている」ということがあるので注意したい。**覚える情報に自分の言葉やイメージを混ぜ、意味を補強しておくと、かなり覚えやすくなる。**

どうしても覚えられないものは「記憶ノート」に書き出し、毎日すきま時間にチェックしていく。これは科目別に分けたりせず、時系列で作り、できるだけ大きい字で書くことが重

要である。これを1日1冊のペースで読み返していけば、合格可能性は飛躍的に高まる（「記憶ノート」については57～60ページを参照）。

○○○○**受かる受験生のパターン**○○○○

- 試験の本質は条件反射にあるとわかっている（数的推理などもその例外ではない）
- 問題を自力で解くのは模試程度
- 予備校本をうまく使う
- 復習システムを作り、実行している
- その場で覚える努力をしている
- 出題の8割は全体の2割という「パレートの法則」がわかっている
- 暗記事項は口に出したり語呂合わせをつけるなど、工夫して覚えている

××××**落ちる受験生のパターン**××××

- 問題を自力で解き、試験前までに終わらない
- 基本書を精読する
- 問題は解きっぱなしである
- その場で覚えようとしない
- 科目間で勉強にムラがあり、得意科目は詳しいが苦手科目は何も知らない
- 暗記事項は眺めるだけで覚えようとする

合格への スケジュール
時間の使い方の「勝ちパターン」

◉ まずは「主要科目」の攻略

結論から言ってしまえば、**公務員試験で一番時間がかかる「主要科目」は、数的推理、判断推理、経済、民法である。**

計算を含み、原理を理解するのに時間がかかる、または物理的に量が多いというのが主要因だ。

まずこれらに手をつけるのが先決である。これらの科目にある程度メドが立たないと、合格は光の彼方なので、受験勉強の当初は、これら主要科目に勉強を絞ってもいい。

特に試験までまだ1年以上ある場合、最初の2〜3カ月はそのスケジュールでよい。最初から行政系科目などの勉強に精を出すと、差がつく「主要科目」に十分な時間がかけられない。

まずこれらの科目の勉強にある程度メドをつけ、その後に他教科の勉強を本格化させるのが必勝パターンと言える。

◉合格への必勝スケジュール

　本番までに1年残っていない場合でも、戦略を立てて勉強していくことがきわめて大切だ。いきあたりばったりに勉強し、あげくに点数が取れないからといって科目変更や、科目全体を捨てるといった受験生が後を絶たない。そうならないためには、「今している勉強は将来どの程度の点数になるのか？」という戦略的な意識を持って学習していくことだ。この視点を持っていれば、ただダラダラ勉強している受験生をごぼう抜きにすることが可能になる。

　ではその戦略とは？　ここでは試験までに残された時間に応じて**3タイプのスケジュール**を提示することにした。自分がどのタイプに当てはまるかを検討したうえで、参考にしてほしい。

その1　現役タイプ型（1年計画）

　余裕を持って公務員試験に臨みたい人の学習計画だ。要点は、**最初に「主要科目」を勉強しておくこと**だ。勉強量が素直に点数になり、配点も高い科目をしっかりマスターして、上位合格を目指そう。

　スケジュールのフローチャートは以下の通り。

現役タイプ（1年計画）の必勝スケジュール

＊内容の順番は順不同

ステップ1（3カ月）
「主要科目」の導入

【内容】

数的推理・判断推理 ：『勝者』を通読、『初級ザ・ベスト』に着手

ミクロ経済学・マクロ経済学 ：『最初でつまずかない』通読

民 法 ：『最初でつまずかない』を通読。余裕があれば『スピード解説』で問題も

ステップ2（3カ月）
一通り全範囲を見渡す

【内容】

文 章 理 解 ：『裏ワザ大全』を通読してから『スピード解説』の自力演習。1日1問

数的推理・判断推理 ：『初級ザ・ベスト』の復習。『ザ・ベスト』のマスター

資 料 解 釈 ：『ザ・ベスト』に着手

一 般 知 識 ：入門本に着手

時 事 ：『速攻の時事』通読

ミクロ経済学・マクロ経済学 ：『最初でつまずかない』の復習と「スー過去」を覚えまくる

民 法 ：『スピード解説』の問題潰し

憲 法 ・ 行 政 法 ：入門本を読んで「スピード解説」で演習

行 政 系 科 目 ：『まるパス』通読。好きな科目から過去問演習

ステップ3(3カ月)

得点力の上昇

【内容】

文　章　理　解	：自力演習の継続
数的推理・判断推理	：『ザ・ベスト』の復習。過去問演習
資　料　解　釈	：自力演習の継続
一　般　知　識	：「過去問ダイレクトナビ」の問題潰しと自分が受ける試験の過去問
時　　　　　事	：『速攻の時事』の復習と『トレーニング編』の通読
ミクロ経済学・マクロ経済学	：「スー過去」のさらなる暗記と財政学部分の学習
法　律　系　科　目	：「スー過去」の問題潰し
行　政　系　科　目	：『まるごとインストール』通読。「スー過去」の問題潰し

＊地上の法律選択科目に着手

＊模試の受験と復習　論文本の答案読みと面接本読み開始

ステップ4(3カ月)

総復習

文章理解と資料解釈は自力演習継続。他の教科は今までやった本の読み直しと模試の復習。補強したい科目（分野）だけ、予想問題集などを潰す

というような戦略を勧める。

　ポイントは「主要科目」に早めに手をつけ、複数の教材を使って強化する点。また知識を頭の中で寝かせて、点数につなげることだ。余裕を持って合格するには、配点が高く、差がつきやすい「主要科目」をわかりやすい教材で早めに攻略

しておくことが必須要件だ。

　時事と論文・面接も早めに目を通しておくこと。これらの科目は直前にあわてて詰め込んで対策を終える受験生が多い。ある程度時間をかけて対策しておけば、余裕を持って本番を迎えられる。時事は多くの科目に出てくるため、全体的な点数の底上げをするには早いうちから勉強しておくことが、一つのポイントになる。

　時間配分も模試で十分つかんでおこう。特に教養試験は、一般知識を速攻で片付け、一般知能にどれだけ時間を割くかで、大きく点数が変わってくる。そのあたりの感覚を身につけておくと、心理的にかなり有利になる。

　このスケジュールどおり勉強すれば、他の受験生に圧倒的に差をつけられる。現在大学3年生の人は、ぜひこのプランで、余裕を持って合格してほしい。

その2 標準タイプ型（6カ月計画）

　大多数の受験生がこのパターンにあてはまると思う。残り時間が心配だとは思うが、不安に思う必要はない。まだ十分に間に合う時間が残されている。

　注意すべきは、大学3年生は秋から冬にかけて大学の試験で相当な時間がつぶれてしまうことだ。

　この時期に、公務員試験の浪人に差をつけられるのがよくあるパターンだ。公務員試験を狙う以上、ムラなく全力で取り組みたい。

　特に時間のかかる「主要科目」を、初期に一通り押さえら

れるかどうかが一つのポイントになる。

　中途半端に途中まで学習したあげく、国家一般職の選択科目から経済と民法を両方はずし、一見点数の取りやすい行政系科目に走るのが、不合格者に一番よくあるパターンなので特に注意したい。

　フローチャートは以下の通り。

標準タイプ（6カ月計画）の必勝スケジュール

*内容の順番は順不同

ステップ1（3カ月）

インプット期

【内容】	
全　　　　　　般	まず自分が受ける試験区分の過去問を数年分目を通す
文　章　理　解	『裏ワザ大全』を通読してから『スピード解説』の自力演習。1日1問（本番まで継続）
数的推理・判断推理	『初級ザ・ベスト』のマスター。『ザ・ベスト』に着手
資　料　解　釈	『ザ・ベスト』の自力演習（本番まで継続）
一　般　知　識	入門本をざっと読んで、「過去問ダイレクトナビ」で演習
時　　　　　　事	『速攻の時事』『トレーニング編』通読
ミクロ経済学・マクロ経済学	『最初でつまずかない』の通読
法　律　系　科　目	入門本をざっと読んで、『スピード解説』の問題潰し
行　政　系　科　目	『まるパス』と『まるごとインストール』の通読

▼

ステップ2（2カ月）

点数変換期

【内容】

数的推理・判断推理 ：『ザ・ベスト』のマスター。

一 般 知 識 ：「過去問ダイレクトナビ」の復習

時 事 ：『速攻の時事』『トレーニング編』の復習

ミクロ経済学・マクロ経済学 ：『最初でつまずかない』の復習と「スー過去」
　　　　　　　　　　　　　　　を必修問題中心に潰す

法 律 系 科 目 ：「スー過去」の問題潰し

行 政 系 科 目 ：「スー過去」の問題潰し

▼

直前期（1カ月）

＊やった本の復習。直前模試受験（時間配分の確認）

＊論文・面接本も一度は通読しておく

　というスケジュールをお勧めする。

　勉強の際はまず過去問を見て、頻出と判断した分野や、自分なりに点数を取っておきたいと思える分野から順に学習し、出ない部分や、出ても取れなくていい部分は潔く捨てる。重要度が低い事項まで完全にマスターしようとしていると、3倍ぐらい時間がかかってしまう。

　重要事項を知る意味でも、学習のナビゲーターとして、過去問は常時目を通したい。注意すべきは、**特に教養の一般知識など、暗記で片がつくと言われている科目も、きっちり問題を通して理解しておくことだ。そうしないと、本番で少しひねられただけでできなくなることがある。**

悠長に概説書を読んでいる時間はまずない。**過去問から頻出分野をつかみ、頻出でない分野は捨てる。頻出分野も問題中心に勉強して、あくまで問題から知識を入れるのが勉強を早く進めるコツだ。**

　なお、**「主要科目」は何らかの形で毎日学習**するようにしよう。ただし、経済と民法はまともに全部過去問を潰そうなどと元気のいいことを考えると、知識の海に溺れて、莫大な時間を使ってしまうことになりかねない。「スピード解説」と「スー過去」の必修問題程度で、十分合格ラインには到達する。あとは、時間に余裕があればこなすという程度で勉強を切り上げ、他教科に時間を回そう。量の多い科目にハマりすぎないことも、能率よく勉強を進めるには必要なことだ。

　逆に、6カ月あるのに民法や経済を捨てようとする人がいる。問題外のパターンである。確かに量は多いし、計算も面倒ではあるが、**わかりやすい教材が多数出ている現在、6カ月で公務員試験の合格点程度を取ることは十分可能だ。**このどちらかの科目を捨てると、国家一般職はともかく、地上の合格はかなり怪しくなる。本書の読者は絶対にそのような愚かなまねをしないように。そのためにも、勉強開始直後から「主要科目」を重点的にやるようにしよう。

その3 最速タイプ型（3カ月）

　3カ月でも諦めるにはまだ早い。科目のあまりの多さに頭が混乱し、自爆しなければまだ間に合う。本書の科目別フローチャート通りやればよい。ただし全力でやること。

大学４年生の場合は、春休み期間は一日中勉強するぐらいの気合と意気込みが必要だ。ここでも、「主要科目」を早めに終わらせることを意識する必要がある。

地上の法律選択科目や、教養の自然科学（生物・地学以外）などは、あっさり捨てる。また、理解が難しいところはひとまず保留にして、自分が頭に入れやすいところから知識を入れていく。科目全体を勉強しようとはしないで、出そうなところだけをやる思い切った省略が必要である。逆転のためには、本番に出る確率が低い事項は、最初からやらないぐらいの度胸がいる。

『裏ワザ大全』は絶対に読んでおくこと。本番でまったく知識がなくても、この本のテクニックで点数を拾えることがあるからだ。あとは、とにかく本書を信じ、これと決めた本をひたすら読み返していれば、得点力は知らぬ間についてくる。

タラタラ勉強しているほかの受験生を瞬速で抜き去り、あっという間に合格点を取れるようになるノウハウが、本書には詰まっている。他人の声に惑わされるのが一番よくない。「あの本はいい」などという声には耳を貸さないように。焦って本を変えたら、不合格街道一直線だ。淡々とやれば最後の勝者になれるのだ！

◉十分な勉強期間がとれない場合の注意点

逆転合格を狙う場合注意するのは、「まずテキストや基本書の『精読』→問題集を自力で解いて実戦力をつける→過去問を解いて確かめる」という通常の方法では、絶対に間に合

わないことだ。

　１年やっても落ちたというような人は、こういう悠長な勉強をしているのだ。

「入門書をざっと読む（ざっとでいい）→過去問を解かずに教科書代わりに使う→その『教科書』の読み返し回数で勝負」という発想への転換が、逆転合格への第一歩だ。

　時間をかけても効率の悪い勉強をしている受験生はたくさんいる。悩むヒマがあったら、１問でも多く過去問を覚えていこう。結果は後からついてくる。

　もちろん、ある程度余裕を持って合格したい人も同じこと。**テキストの「精読」と問題集の勉強では、頭への入りやすさからいっても、点数のなりやすさからいっても、問題集のほうが断然効率がいい**。このことはいつも意識しておくように。

◉間に合うやり方と、間に合わないやり方

　勉強期間がとれない人のもう一つの注意点は、すべての範囲をカバーしようとしないことだ。教材を頭からやろうとしていては、まず間に合わない。過去問を基に本番で出る単元を予想し、そこだけを問題集で集中爆撃する。大胆にヤマを張るわけだ。もちろん、参考書をダラダラ読んでいるヒマはない。入門書を問題集の勉強の合間に読む程度でいい。

　そのかわり、やった問題は教科書代わりに何回も読み直して、完全に解けるようにしておく。

　という戦略でいかないと、まず逆転は無理だ。

　そして本番１週間前になったら、新しいことをやるのは諦

めて、やった問題と時事の本だけをひたすら回転させる。頭が本番向きに整理され、思わぬ点数が拾える。

●計画は勉強時間ではなく、量で立てる

　どのような戦略で勉強していくにしても、実行するに当たり、細かいスケジュールを立てていくことはやはり必要だ。

　スケジュールの立て方だが、**1週間単位で作るのがいい**。予備日を1日設け、計画通りいっていたら、その日は自由に遊んだほうが精神的にいい。

　計画は量で立てる。勉強時間ではない。**公務員受験レベルでは、ある本を読み終えるのに1カ月以上かかるようなスケジュールでは絶対に間に合わない**。1週間で終わらせろとは言わないが、それぐらいの集中力をもった計画を立てるべきである。模試に合わせて目標を設定するのも一策である。

　量で計画を立てることで、「締め切り効果」というものが生まれる。今週でこの単元は片づけるというような締め切りを作ってみると、自然と集中力も上がってくる。時間単位の計画では、これがまったくできない。

　また、計画は具体的な小目標を立てて実行していかないと、達成感もやる気も出ないものだ。困難は分割するのが物事をやり遂げる極意。「とにかくこの1冊を仕上げよう」ではなく、「今週は何ページまでやろう」という**細かく落とし込んだ計画こそが、真に実行できる計画なのである**。

　なお、過大な計画を立てて挫折すると、勉強がイヤになってくる。自分の体力や集中力と相談し、できそうな計画を作

成するのも能力のうちだと心がけよう。だいたい**「やれそう
だな」と思う７〜８割ぐらいにとどめておくのがいい。**

悪い計画の立て方

● 数的推理1時間、判断推理1時間、経済1時間・・・
（予定通り進まない日があっただけで、勉強計画が狂う）

よい計画の立て方

● 今週やるべきこと
● 憲法→過去問50問
数的推理→『ザ・ベスト』第5章まで
行政系→『まるパス』の通読、「記憶ノート」5冊・・・
（具体的な量ではかり、週ごとの到達目標を決めている）

●無駄な時間の排除を

それを１日単位に分割するわけだが、受験を機に自分の時
間の無駄を徹底的に排除しよう。特にインターネット、携帯、
テレビ、コンビニに要注意だ。無限に時間が削られてしまう。
ネットを見るのに時間を費やしていると情報が錯綜し、結局
落ちる。１日１時間などと、制限を設けておくべきである。

自分がどんなことに何時間使っているかを把握することは、
受験に限らず重要な時間管理術である。一度自分がこれらの
ことにどれぐらい時間を使っているか、ストップウォッチで
計って実際に書き出してみるといいと思う。**驚くほど無駄な
時間が多いはずだ。**そのうち有意義な時間はどれだけあった
か。実は相当少ないことに気づくと思う。だとすれば、そこ

からすきま時間はいくらでも捻出できるはずだ。

● 1日の生活スケジュール

1日単位のスケジュールの管理も重要である。

睡眠時間は6～7時間で十分で、それ以上寝ているようではどこか生活に問題がある。なお、夜12時を過ぎてからの勉強は生理学的に効率が下がることは明らかなので、12時には勉強を終え、早起きすることが望ましい。**12時を過ぎてからの勉強は、だいたい昼間の効率の半分とみてよい。**知識がオーバーフロー状態になっていて、頭を素通りするだけということが圧倒的に多いものだ。睡眠時間を削ってまで深夜勉強しようというのは愚かである。

朝は7時には起きるべきである。昼夜逆転して夜型にしている受験生も多々いるが、きわめて合格率が低い。午前中から勉強しているかどうかが、合格不合格を分ける一つの分かれ目である。週の計画を7分割（6分割）して、きっちりその通りやる必要はまったくないが、常にその週の計画を意識し、それが達成できるように進めていこう。なお、ハイレベルな受験生は朝5時には起きて勉強していることも知っておくべきである。

● ハンディな教材を持っておくべき

また、常時携帯しているハンディな教材を持っておくべきである。前述の「記憶ノート」をお勧めする。電車に乗っている時間や、ちょっとした時間にいつでも見直しができる。

これらの積み重ねが大差（本当に大差）を生む。

◉ やる気がしないときは

また、やる気がしないときの管理もきわめて重要である。

スランプ時には復習に限る。過去にやった事項の見直しに専念し、気力が復活するのを待とう。

それすらやる気がしないという場合、暗記事項をICレコーダーに吹き込んでおき、ただ流しておけば、まったく勉強が手につかないときでも自動的に勉強になっている。

◉ 勉強時間の目標は最低600時間

勉強の絶対時間だが、いくら時間より質とはいえ、普通の人間はやはり勉強の絶対時間が足りていない。

基本的に落ちる人間のほうが多い試験では、**他の人より勉強の絶対時間を取り、なおかつ効率で圧倒的に上回るというような気概が必要**である。

具体的時間としては、最低600時間以上やることを目標にする。**1日8時間やれば、3カ月かからない時間である**ことに注意。

さらにそれを効率の差で、勉強時間を少なくするのが目標である。

いずれにしろ、試験日から逆算して今日から勉強を始め、間に合うような計画を立てて実行することがきわめて大切だ。

来年の受験を前提にのんびりした計画は絶対に立ててはいけない。**1日3時間を1年というような計画が一番危ない**。

知識はある程度スピードを持って仕入れないと、脳内で拡散してしまい、まったく理解が進まないのだ。じっくりやっていたのでは間に合わない。

　問題集を中心にした、密度の高い学習を短期間で一気にやってしまう。そしてそれを間をおいて繰り返す。これが知識を短期間で頭に入れるのに一番いい方法だ。**逆転の方法論には、スピードと反復が不可欠なのだ。**

受かる時間の使い方

（直前になるほど勉強時間が増える）

直前に勉強を減らすようなスケジュールが最悪。

◉なるべく外で勉強するようにしよう

　物理的勉強時間を増やすにもテクニックがある。

　なるべく外で勉強するようにしよう。自習室は人の目があり、それだけで勉強の強制力になる。

　自宅でやる場合も、机の上の不要物を徹底的に片づけよう。

　机の上とその周りだけでも、整理されたオフィスのように改造してしまうのだ。これだけの単純なことで、実は勉強時間を増やせる。

　余裕がある人は有料自習室を契約し、自習室のヌシとなろ

う。

◉ 勉強時間を計ってみると…

　勉強時間は、ストップウォッチで計って手帳に記録しておく方法をお勧めする。

　勉強開始当初は、驚くほどやっていないことに愕然とするはずだ。

　しかし、そのうち集中力が高まり、勉強時間が増えてくるものである。

　とにかく、ちんたらやっていては合格はおぼつかない。知識が拡散しないうちに、出るところだけを集中的に覚え、圧倒的迫力を持って突破することが重要である。

　また、休憩時間は15分なら15分で上限を決めておく必要がある。人間は放っておくと遊ぶ。そのために休憩時間の強制管理が必要である。

　集中力が落ちてきたら、休憩時間を取る以外に、場所や姿勢を変えてみるという手もある。自宅がダメなら図書館、机に向かってやるのがダメなら寝転がってやる。

　それだけでも全然勉強のはかどり具合が違ってくるものだ。

◉ 具体的な1日の過ごし方

　さて具体的な1日の過ごし方だが、**勉強のウォーミングアップは復習から始めるといい。**

　軽い負荷で頭が試験モードに切り替わる。

　その後は、専門と教養を交互に織り交ぜながら1日を過ご

すことをお勧めする。

「今日は憲法しかやらない！」というような1教科集中爆撃作戦は、脳の疲労度からいって、効率がいいとは言えない。

　勉強の最後の1時間を、復習（「横の反復」か「縦の反復」）に当てる習慣をつけたい。

「暗記物は直前でまとめて覚えればいいや」という意識は破滅のもとである。

　直前も何も、最初から覚えていかなければならない。人間の記憶は、復習しない限り見事なまでに抜け落ちる。それを防ぐには、こまめに復習していくしかない。公務員試験は文章理解など一部の科目を除けば、ほとんどが暗記物なのだからなおさらである。

　暗記物は直前と言っている受験生は、直前から勉強すればいいと言っているのと大差がない。普段から記憶の蓄積をはかっていく必要がある。

悪い1日の例

午前に憲法、午後に数的推理だけやっておしまい
（復習はやらない）

よい1日の例

起　床
▼
前日の復習
▼
専　門
▼
教　養
▼
専　門
▼
教養・専門の繰り返し
▼
その日の復習
▼
就　寝

◎休養日は「成功報酬」に

1週間に一度は休養日を取っていいと思うが、それは日曜日以外にしたほうがいい。日曜日は模試などがある場合もあ

り、休むのに適した日とは言えない。休養日を入れるなら平日のどこかである。

　この日は勉強を一切忘れて遊びまくろう。

　ただし、それは勉強が予定通りいっているときの「成功報酬」だ。計画がきちんと進んでいなかったら、勉強に充てて取り返さなければならない。

　自分を成功報酬で自己管理できるかどうかというのは、試験にかかわらず「勝ち組」に入る大きなポイントだ。できれば「今週○○をやったら、飲み会」とか、手帳に書き留めておくことをお勧めする。

◉ 無勉強の日は排除しよう

　休養日以外の日は絶対に勉強を休んではいけない。

　どの受験でもそうだが、休養日以外の日に30分でも１時間でもいいから勉強している受験生と、それをまったくのゼロですます受験生とでは、前者のほうが圧倒的に合格率が高い。無勉強の日を極力排除するよう心がけよう。

◉ もともと時間は不足している

　「時間が足りない！」と焦ってもどうにもならないが、**落ちる人のほうが多い試験**なのだから、**他人と同じように勉強していたのでは落ちる**。

　科目数が多い公務員試験は、やることが無数にあるし、効率や合理化で勉強時間を削るにしても限度というものがある。たとえばある科目で200問マスターが必要だとする。最初１

問読むのに10分。5回繰り返すとして、繰り返しのときは1問3分で読めるとしても、（10+15）×200＝約83時間かかる。83時間が何教科あるか考えてみよう。

　もちろん削れるものは削れるが、受験生の客観的残り時間というのは少ないのだ。試験日までのカウントダウンを常に行っておくことが受験生には必要だ。

「自分の手持ち残り時間は意外と少ない」

　これを意識しているかどうかというのは、とても大切なポイントだ。1日1日を大切に、充実した時間を過ごしていかなければいけない。短期合格を狙うならなおさらだ。

　もう試験日まで時間がない。だったら出るところから順にやらなければいけない。そしてやったものは確実にマスターしておく、という意識で勉強をしていけば、他人とは違った圧倒的迫力で学習が進むはずだ。

○○○○受かる受験生のパターン○○○○

- 経済や民法が得意
- 数的推理や判断推理は嫌いではない
- 読むと決めた本は1週間以内で通読できる
- 早起きをしている
- 「記憶ノート」を持ち歩いている
- 繰り返しマスターしている教材を各科目ごとに持っている
- 1日の勉強で復習時間を必ず取る
- 机の上がきれいだ
- 残り時間が少ないことに気づいている

××××落ちる受験生のパターン××××

- 行政法や憲法で点を取ればいいと思い、民法や経済から逃げる
- 数的推理や判断推理は理解不能だから捨てる
- ある本を読み終えるのに1カ月以上かかる
- 生活時間が不規則
- 教材の数だけはあるがどれも中途半端
- 復習不足
- 絶対的な勉強時間が足りない
- 机が汚い
- まだ時間はあると思ってのんびり構えている

「捨て科目」と「点になる科目」
科目選びの「勝ちパターン」

◉「捨て科目」と勉強すべき順序

国家一般職では専門と基礎能力（教養）の配点比率が２：１であることが判明した。地上でも公表している自治体が一部あり、専門のほうの比重が高いのは確実だ。

したがって**専門重視で勉強を進めるのは当たり前なのだが、教養でも足切りがある**ので、それはかわさなければならない。

戦略的な発想を持って受験勉強を進める必要がある。

◉点になる科目

まず点数が伸びそうな科目からやるのが受験勉強の鉄則で、あとは時間配分にも注意しないといけない。

「初歩を知ってしまうと、あとはマニアックにやっても伸び

ない科目」と「やればやっただけ報われる科目」が存在する。

　後者の代表例は憲法、行政法、一般知能で、前者の代表例が**民法（地上の刑法や商法も）や経済、そして教養の一般知識**だ。行政系科目はこの中間程度といえる。

◉失敗パターンと成功パターン

　勉強の失敗パターンとしては、

・民法と経済に半分ぐらい時間を割く、または理解できずに全捨て
・憲法、行政法、行政系科目を後から詰め込む
・数的推理、判断推理の勉強不足
・文章理解のなめすぎ
・一般知識を一部の科目だけ追求する
　というのが５大パターンである。

　これらを回避するための「最速受験術」では、

　まず憲法、行政法、一般知能、経済、民法をやる。
　ただし勉強時間を前３科目に割き、
　経済と民法はスレスレでしのぐ程度に抑える。
　勉強時間の比率で言えば7:3ぐらいにする。

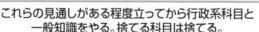

　これらの見通しがある程度立ってから行政系科目と
　一般知識をやる。捨てる科目は捨てる。

というのを勧める。

◎経済と民法は「早め」と「基本」がコツ

経済と民法のドツボにはまって自爆する受験生が例年後を絶たない。この２教科は量が多いし、かといって捨てるわけにもいかないので、**早めに基本を押さえる**。

試験直前にあわてて詰め込んでもまったく理解できない。そして、**「基本で勝負する」**という戦略がお勧めだ。それ以上マニアックな路線に走っても、"時間対効果"が非常に下がる。

◎「最初から毎日」が大切な科目

憲法、行政法、一般知能は、勉強量と得点が比例するので、受験勉強を始めた日から毎日一定ペースでやり続けることが必要になる（憲法や行政法は、１年計画なら話は別だが）。

特に数的推理、判断推理は絶対に逃げないこと。配点が大きいので、捨てると落ちる。

◎行政系科目と一般知識はその後で

行政系科目と一般知識は、上記の科目の１冊目の教材が終わってから始めればよい。

専門重視なので、勉強の比重としては、一般知識より圧倒的に行政系科目重視だ。

一般知識を安直に詰め込む方法については、科目別のところで解説する。

◎捨ててはいけない科目

一般知能は１教科も捨てられないし、教養試験全体にかけ

る時間の半分以上を割く必要がある。

「数的推理を捨てた」という人が例年いるが、あれだけ配点がある科目を捨てるのは自殺行為。不合格一直線だ。

　文章理解、資料解釈を無勉強ですませる人も多い。これもよくない。勉強しているのといないのとでは、確実に点数が数点変わってくるので、絶対に対策を取る必要がある。特に文系の場合、数的が非常に得意でない限り、文章理解や資料解釈は絶対に得点源にしなければならない。必ず対策を取るようにしよう。

◉民法と経済はやりすぎないのがコツ

　専門は一定ペースで学習するとして、民法と経済は６割取れそうな手応え程度の勉強にとどめる。それ以上やらないのが勉強時間短縮のポイント。これを意識することで、総勉強時間を３分の２以下にできる。

　あとは憲法、行政法と行政系科目で勝負する。行政系科目は特に地上の場合、過去問の焼き直しのような問題が多く、勉強しただけ見返りが期待できるので、まともに対策しよう。

　国家一般職の行政系科目は、過去問を一通り潰し終えたら、それで満足したほうがいい。予想問題集までやっても得点になるとは限らず、労多くして益が少ない。やる場合は一部の勝負科目にとどめよう。

◉「捨て科目」はこれだ!

　地上や国税のその他の法律科目（刑法・商法）は捨てても

いい。条文が多い割には2問程度しか出されず、"時間対効果"が悪すぎる。

　一般知識は、**自然科学3〜4教科、人文科学1〜2教科までは捨てていい。**捨てるのは、自然科学で数学、物理、化学、人文科学では日本史が候補になる。

　世界史や地理は他の科目にも影響するので、**捨てないほうが得策だ。**

◉隠れ主要科目

　時事は隠れ主要科目で、その要素があらゆる科目に登場してくる。

『速攻の時事』（186ページ）の**最新年度版が発売されたらすぐ買って、**本番までに3回は通読しよう。

　これに加え『速攻の時事　実戦トレーニング編』（187ページ）まで目を通しておけば万全といえる。

　時事対策がしっかりしているかどうかというのは、試験全体の得点力に大きな影響があるので、注意したい。まったく時事をやっていないと、まず落ちる。

◉直前にはこの本を

　直前には『**直前対策ブック**』（実務教育出版）を2回は読んでおいて損はない。

SPI3・SCOAの対策

それぞれの対策はマスト

● 「教養重視」の正体

　最近、市役所を中心に「特別な勉強は不要で、人物重視です」「教養と面接のみです」という自治体が増えてきている。敷居を低くして、受験者を増やそうという狙いがある。

　この「教養」というのは、国家一般職や地方上級の「教養試験」と違うので、要注意である。教養とは名ばかりで、SPI3やSCOAを実施する場合がほとんどだ。そして、「公務員試験の教養対策で十分」という受験常識がはびこっているが、**これは大ウソなので注意しよう**。公務員試験とは、一問あたりにかけられる時間がまったく異なり、何も対策しないで臨むと、まず時間内に解き終わらず、泣きを見ることになる。

　どの自治体がどういう試験を実施するかは、毎年のように

変更がある。前年度のものは『受験ジャーナル　学習スタートブック』（実務教育出版）に記載があるほか、『公務員試験で出るSPI・SCOA［早わかり］問題集』（実務教育出版）がほぼ唯一の公務員試験用の問題集なので、これを使って対策しよう。

　SPI3の場合は、自治体が明示してくれることが多い。SCOAのほうは、なぜかSCOAとは書いていない。**「試験時間60分」と書いてあれば、SCOAの可能性がかなり高いと思っていい。**

◉ その他のおすすめの対策本

　民間就職向けの書籍だが『これが本当のSPI3だ！』、『これが本当のSCOAだ！』（ともに講談社）がある。他の本は問題の再現度が低く、中には公務員試験の問題を流用して作っているようなものもあり、まったく勧められない。

◉ 対策本のやり方

　SPI3やSCOAの本は、他の一般教養や専門の試験と違い、まずは自力で解いてみるのを勧める。もちろん、わからなければ解答や解説を読んで解き方を覚えるわけだが、間違えていなくても時間がかかった問題は、事実上本番では解けない問題と変わらない。そういう問題を重点的に覚えておくようにしよう。1問30秒以内で解ける問題をどれだけ増やせるかが勝負だ。

◉ 事務能力検査はどうするか

　また、市役所などで「事務能力検査」が施行される場合もある。これはSCOA-Cと考えられるが、現在まだ対策本がほとんどないので、『初級スーパー過去問ゼミ　適性試験』（実務教育出版）で代用する。単純計算や、単語の照合、図形の把握など、IQテストのようなものだが、練習しておくのとおかないのとでは大違い。出題される場合は、必ず練習しておくようにしよう。

◉ 市役所出題が変更!

平成30年度から、市役所試験が変更になった。

・Standard ＜標準タイプ＞

　問題構成はこれまでと同じ（知識分野20題・知能分野20題）、試験時間（120分）も同じ。時事が重視され、ICT、環境問題、社会保障など、社会的に幅広い分野から出題される。一方で、古文、哲学・文学・芸術等、国語（漢字の読み、ことわざ）の出題はなくなる。

・Logical ＜知能重視タイプ＞

　知能重視の出題になる（知能分野27題・知識分野13題）。Standardよりも文章理解、判断・数的推理、資料解釈の出題が多く、知識分野では、自然科学の出題がない。その他、時事重視や幅広い分野からの出題、古文等の出題がないことはStandardと同じ。

・Light ＜基礎力タイプ＞

「社会への関心と理解」（24題）、「言語的な能力」（18題）、「論理的な思考力」（18題）の3分野（計60題）。試験時間は75分。四択なのが特徴で、問題はやさしめ。SPI3に時事と英語と「地方自治に関する基礎的知識」を加えたものに近い。民間希望志望者でも受けやすい。

　自分の受ける自治体の試験区分は必ず確認しておくこと。**Logicalの場合は、一般知識科目をほとんど全部捨ててかまわない。**文章理解と数的推理・判断推理・資料解釈だけやっていれば対策可能だ。いずれにしろ、**大切なのは数的処理と文章理解**で、そこを徹底的に対策しよう。

公務員試験で出る
SPI・SCOA［早わかり］問題集

ほぼ唯一の公務員試験用
SPI・SCOA対策本

資格試験研究会編・猫の手ゼミナール執筆／定価1430円（税込）／2021年3月発行／実務教育出版

概要・特色▶SPI・SCOA・公務員試験を比較し、頻出度を出題形式ごとに掲載。2色刷り。

内容評価▶本書では以前から、『これが本当のSPI3だ！』及び『これが本当のSCOAだ！』（講談社）を推薦してきた。しかし、公務員用のSPI・SCOA対策の参考書がついに実務教育出版から発売となった。当書は**現時点でほぼ唯一の公務員試験対応のSPI・SCOAの問題集**である。このような最新の受験生ニーズに応えるのはさすが実務教育出版といえる。特に、要チェックなのが出題範囲・頻度まとめである。公務員試験では出題されるがSPIやSCOAでは出題されない（逆も然り）分野等を一覧にしており重宝する。また、併願のコツも記述されておりイチオシの本である。やり方としては、とにかく自力で解いてみること。3回転くらいすれば解法とセットでほぼ頭に入るだろう。

　この問題集はSPI・SCOAを出題する自治体受験生のほぼ全員が解いていると思われる。まずはこの問題集から検討すべきである。第一志望以外の自治体がSPI・SCOA出題である場合はこの本のみで十分。というより、時間が足りないのが現実である。

　また、以前から本書で推薦してきた『これが本当のSPI3だ！』及び『これが本当のSCOAだ！』については、公務員試験用のSPI・SCOA対策問題集が出た関係上、以前ほどの有用性はないが、現在も使える問題集であることは変わりない。したがって、第一志望の自治体がSPI及びSCOAを使用している場合のみ模試代わりとして追加購入する方法を勧める。他の問題集でまともな対策本はない。検討する順番を間違えてはいけない。

合格ラインに
もっとも速くゴールする方法①

科目別「最速受験術」
教養試験

範囲が膨大な教養試験を制する
カギを大公開！

第1部では、全体的な話をしたが、

いよいよこの第2部では、教養試験の科目について、科目別の「最速受験術」を紹介する。

受かる勉強法・参考書と、落ちる勉強法・参考書を明らかにしていく。

公務員試験で受験生の頭を悩ませるのが、教養科目の多さだ。一般知識などは1教科当たり1問しか出ない割には、そこそこ難しく、何をやったらいいのかわからない。

一般知能の数的推理などもどこまでやっていいかわからない。

その結果、得点源にすべき科目を捨てたり、逆にマイナー科目をマニアックに追求したりといった、間違った戦略が横行している。

科目ごとの記憶法も、まったく要領を理解していない人が大多数だ。テキストをだらだら読む、問題集をただ解く。そんな単純な方法ではいくら時間があっても足りない。

この第2部では、合格者のさまざまな意見を解析し、主要な教材も検討して、合格ラインにもっとも早くゴールする方法を紹介する。

文章理解

受かる勉強法・参考書はこれだ!

「対策しづらい」はウソ!
対策次第で他の科目の得点まで上がる!

選択肢の落とし方を身につけるのに最適な科目!

どの公務員試験でも、日本文・英文ともに大量に出題され、**合否の分かれ目になる科目の一つである。**特に平成24年度からは英文を中心に出題が増え、ますます重要性を増した。

にもかかわらず、まったく勉強する必要がないと主張する人が合格者の中にも少なからずいるようだ。しかし、そういう声は無視して地味に勉強するに限る。

というのも、この科目で3分の1以上の失点があるようでは、他の科目に負担がかかる。文章理解で点を取るほうが、総合的に見てラクである。

また、文章理解を通じて選択肢の落とし方を身につけると、他の科目の得点力も大幅に上昇する。

かといって、漫然と読書をしていてもまったく点数にならないのは言うまでもない。

まず「選択肢の落とし方」を身につけておく

そこで、何はさておき『公務員試験㊙裏ワザ大全』(122ページ) を読む。

この本を読んでいるのといないのとでは、**想像以上に大差がつく。**「取れない点数まで取ってしまう」というスタンスで書かれている本は、全科目通してこの本しかない。

「裏ワザは最後に頼るものであって、最初から裏ワザはないのでは?」と思う人もいるかもしれないが、選択肢の落とし方の本なので、最初に読んでおいたほうがいい。こうした視点を持って選択肢を読んでいると、正誤を見分ける力がどん

どんついてくる。

「こんな方法は本番で使えない」という声もあるが、ちゃんとマスターしていない上に、無理にこの方法だけで解こうとするからだめなのだ。非常に有効な方法だが、**選択肢を数個だけ落とすとか、最後に迷ったときに使うとか、補助的に用いるのが正しい。**そうすれば、ひっかかるはずの選択肢にひっかからずにすんだり、選び損なうことがなくて得点力の強化に役立つ。

　一読しただけでも使える気持ちになるが、やはりきちんとマスターするには一読では足りない。目安としては、文章理解は当然として、他の専門科目などでも「選択肢的にこれはおかしいな」というカンで落とせる選択肢が見つかってくる程度まで、何回か読み込む必要がある。そこまで読まないと、本番で図々しくこの方法を使いこなせない。

　選択肢の落とし方をマスターしているかどうかというのは、公務員受験の一大ポイントなので、再度強調しておく。公務員試験や共通テストなど、公的な試験ほど選択肢が練られており、結果として裏ワザが生きる。試験なのだから、本文の理解も大切だが、それ以上に選択肢の落とし方のほうが大切なのだ。この本の方法を無意識に使いこなせるようになっておくのが目標だ。

　（ただ、性格的にどうしても適さない人は、無理をしても仕方ないので、後述する次のステップに進んでほしい）

■選択肢を読んでから→問題文へ

本番でも、絶対に選択肢から先に読むのがポイントだ。問題文を一読し、選択肢を読んでまた問題文に戻る方法と、選択肢だけで数個落とし、怪しいものだけ本文で確認するやり方と、どっちが速いかは言うまでもないだろう。

■自力で1日1問ずつ

『公務員試験㊙裏ワザ大全』が終わったら、『文章理解　すぐ解ける直感ルールブック』（124ページ）『スピード解説　文章理解』（34ページ）を自力で1日1問解いていけば十分。

ただし、**1日1問でいいから、毎日やる**ようにしたい。この教科は他教科と違い、知識で解けるという教科ではないので、**自力で解かないと意味がない**。そして1日でも空けるとカンが鈍る。

知識で解く科目ではないため、実力がついたとか勉強したというような実感に乏しく、勉強のモチベーションがいまひとつ上がらない科目ではある。そこを耐えて地味に演習した人が最後には勝つ。

予想問題集や模試は、選択肢の作り方や本文のレベルが本番と似ていないので、**練習は過去問に限る**。

『公務員試験　無敵の文章理解メソッド』（124ページ）は手を出しても無駄だ。やるヒマがあったら本物の過去問を進めるほうがよい。本物の問題を通して、自分なりの解法やコツを会得していこう。

■英文の対策は『速読速聴・英単語』で

英文のほうは、基本的には大学受験のカンを取り戻せば十分で、『速読速聴・英単語』（123ページ）を読み流すことを勧める。公務員試験に近い時事的な英文を掲載していてお勧めだ。

これもいちいち自力で読む必要はなく、訳から先に読み、その後英文を確認するという程度の安易なやり方で十分。ＴＯＥＩＣの勉強ではないのだ。公務員試験は、あくまで大意がつかめるかどうかを聞いているだけなのだから、その程度の対策で十分である。

だが、**国家一般職本番で英語を選択するという事態**に備え、キーワードとなる単語ぐらいは覚え、やった文章を何度も読み込んでおくほうが無難である。

英語がいつまでたってもできない人は、同じ文章の読み返しが不足していることが圧倒的に多い。要注意パターンである。英文の文章理解で２問以上落とすような人は、今からすぐに実行してほしい。

それだけで得点率が変わってくるはずだ。特に英語力そのものをつけたい場合、英文の音読の繰り返しがきわめて効果的である。

■国家一般職の英語は実は大穴!

なお、本番で英語（基礎）まで選択する場合、文法と軽い和文英訳の学習も必要になる。『山口俊治　英文法講義の実況中継（増補改訂版）』（123ページ）を読んでおいて損はない。

国家一般職の英語は実は**大穴**であり、特に理系出身者など
は絶対に選択することを勧める。共通テストや私大入試より
易しい英文であることも少なくない。強いて言えば、時事用
語に多少注意を払っておく程度。

　これだけで勉強科目を減らせるのだから、民法ほかで伸び
悩んでいる人も一考の余地があると思う。

■英文の合格ラインへ

　英文の文章理解に話を戻すと、もちろん『裏ワザ大全』の
解答テクニックもフルに使える。そのへんは過去問で練習し
ておこう。単語の１つや２つがわからないからといって諦め
るのが受験生の最大の弱点。気にせず読み進むのがポイント。

　過去問も全訳にこだわる必要はなく、キーセンテンスが理
解できていればそれでよしとして、演習量を増やそう。

　そのうち、文章の最初か最後にキーセンテンスがあること
が圧倒的に多いことがわかってくるので、そのラインまで到
達できれば合格である。

『公務員試験㊙裏ワザ大全』（エクシア出版）を読む。

『直感ルールブック』「スピード解説」「スー過去」を
１日１〜２問自力で解く。

英文はこれに加え『速読速聴・英単語』（Ｚ会）を
１日１つ読み、過去読んだ文章は何度も読み返す。

■古文の勉強は"時間対効果"が低い

古文は地上で出題されるが、「余力があれば大学入試で使っていた本をパラパラ眺める」程度で十分である。

それ以上の対策は、きわめて"時間対効果"が低いので、選択肢で２択まで落とせるようになっておけば十分。それで確率的には５割は当たるのだから。

■文章理解の勉強の基本方針

先に述べたように、基本的には知識で解く分野ではないので、勉強したなという実感も得にくい。**毎日１問を演習することだけを考え、あとの時間は他教科に回したほうが得策である。**

そして、繰り返しになるが、選択肢の見方をこの教科で練習することだけは絶対に忘れないように。**他教科の得点まで違ってくる。**

■本文の読み方のコツ

最後に、本文を読んでの選択肢の落とし方について述べておく。

とにかく問題文で「重要そうな文」を探すことを意識して読んでいく。

要旨把握問題などは、それだけで解けてしまうので、文章の意味があまりわからなくても諦めないことが肝心である。

特に英文に言えることだが、ある単語やある１文がわからず、そこで延々考え込んでしまうのが受験生の大きな弱点。

重要なことは、本文で繰り返し述べてくれていることがほとんどで、読んでいけばわかる。

「重要そうな文」の目安としては、

○逆接（「しかし」や「but」や「however」）の直後の文
○「むしろ」のあとの文
○「〜と思う」「〜すべきだ」などがある文
○文章の一番最初と一番最後の文（特に英文では、まずこの２文を読んでから本文の他の箇所を読んだほうがよい。最初の文がテーマの明示、最後の文は結論であることが多いので、この２文と選択肢だけで正解が得られることも結構ある）
○要約文（「つまり」「すなわち」がある文や、英文で言えば最上級やセミコロンがある文）
○選択肢にたくさん出ているキーワードとおぼしき用語がある文

などである。

　これらの「本文の読み方のポイント」と、「選択肢での落とし方」（『裏ワザ大全』）を身につければ、必ず文章理解は得点源になる。本番では１ミス程度を目標にしたい。

　特に自然科学や数的科目が苦手な人は、この科目で頑張らないと致命傷になるので注意しよう。

■選択肢の落とし方の実例

　以上のことをふまえて、実際の過去問をいくつか解いてみよう。

次の文の内容と合致するものとして最も妥当なのはどれか。
（本文は省略。現代文）

1．現代国語は、英語的に大改造されたロジカルな日本語であり、日本人が日常生活のあらゆる場面で日本語を論理的に操ることを可能にした。

2．英語の習得に苦労する日本人が生まれたのは、現代国語から日本語本来の「心の習慣」を排除しようとしたもののそれができなかったからである。

3．インターネットの普及により、英語が事実上の世界共通語となった結果、明治の知識人が用意した和魂洋才の現代国語は既にその役割を終えた。

4．英語が支配するグローバル社会を生きるために、日本人は、日本語をロジカルに運用する術を考え直す必要がある。

5．日本人は，英語のロジックを学び直すことによって、現代国語をグローバル社会に適応するものに一刻も早く作り替えなければならない。

（令和3年　国家一般職　基礎能力　文章理解）

『裏ワザ大全』の方法で、選択肢だけで解ける典型的問題。
毎年必ず出る。

　1の「日本人が日常生活のあらゆる場面で日本語を論理的に操る」は、あきらかにおかしい。論理的でない日本人ではごろごろしている。間違ったことを述べた文章が公務員試験に出題されることはないので、「常識的解答」で×。

　2は何を言っているのかわからない。「わからないのは自

分の理解力の問題では？」と謙虚に思う必要はない。「わけのわからない選択肢は×」だ。

3もひどい。何かをこんなに否定する内容は公務員試験には出ない。まして「現代国語」を。「公務員試験的解答」で×。

4はとくに問題はない。

5は英語を見習って、国語を「一刻も早く作り替えなければならない」と言っている。どんな植民地根性だ。「公務員試験的解答」で×。

というわけで、そもそも正解の可能性のある選択肢が4しかない。もちろん、正解は4。間違えないようのない問題だ。

文章理解だけに限らず、たとえば二択に絞ったあとの最後の検討にも『裏ワザ』の視点は充分使える。

『裏ワザ』のテクニックは必須のものと考えよう。

次の文の内容と合致するものとして最も妥当なのはどれか。
（本文は省略。英文）

1．「健康都市」運動が世界各国で活発化したことを受け、環境汚染やヒートアイランド現象などの課題に対応するため、様々な分野が連携した取組が強化された。

2．緑ある空間が身体的健康に良い影響を与えることが多くの研究で分かっており、糖尿病や骨粗しょう症などの病気の発症を抑えるというデータもある。

3．空間に緑があることで人々がウォーキングなどを活発に行うようになった結果、世界の各地域で、平均寿命が伸びたという研究結果が示された。

４．オランダでの疫学調査では、都市部における緑ある空間
　　の量と健康状態全般の認識に正の相関がみられた。しかし、
　　多くの文献では、緑ある空間と精神的健康の関連性につい
　　て確固たる証拠はみられない。

５．緑ある空間がストレスやＱＯＬ（生活の質）に与える影
　　響については、都市部に住む若者に対しては大きかった一
　　方、地方に住む若者に対してはあまり大きくなかったとい
　　う調査結果が示された。

（令和３年　国家総合職　基礎能力　文章理解）

　　本文の英文を読まなくて解ける秒殺問題。毎年、この手の
問題が出題される。

　　２～５には「緑ある空間」や「空間に緑がある」が出てく
る。１だけまったく出てこない。１は「話題」で×。

「大×の選択肢に近い要素をもつ選択肢が正解」という『裏
ワザ大全』の「絡み合い」の原則に従うと、１と最も共通性
のある選択肢が正解ということになる。

　　１の「健康」という話題が、２と４に出てくる。さらに１
の「都市」という話題が４と５に出てくる。つまり、最も共
通性が重なるのは、４ということになる。

　　４が正解だ。もちろん、あっている。

　　**本文を読まなくても正解が自動的に絞れる。必ず、選択肢
から先に読むようにしよう。**

　　専門でも英語（基礎）、英語（一般）が選択できるように、
正攻法の勉強ももちろん必要だ。しかし、同時に**裏ワザで解**

答できる問題も増えたということでもある。大チャンスだ。

Select the sentence which is grammatically correct.

1. Are you enjoying travelling around Japan by yourself?
2. He is very keen in watching sumo competitions on television.
3. I am tiring for eating the same food every day.
4. I have fallen in love to a very interesting man.
5. The Italian movie we watched today was very exhausted.

（国家一般職　専門［行政］英語［基礎］）

　常識レベルの文法ばかり。（ちなみに正解は１）。

　文章理解でどうせ英文が必修なので、しっかり英語をやっておいて損になることはない。

　国家一般職の英語（基礎）、英語（一般）は、見かけの英文は長いが、選択肢的にかなり作りが甘い問題や、易しい穴埋め問題があり、点数の稼ぎどころだ。

　この程度の問題が法律や経済で苦労して取る１点と同じ点数なのである。選択しないのは損だ。

国家一般職の英語はまさに大穴だ。

○○○○受かる受験生のパターン○○○○

・『公務員試験㊙裏ワザ大全』をマスターしている

・本番は選択肢から先に読む

・過去問中心のトレーニングをしている

・解答テクニックをきちんと押さえている

・英語（基礎・一般両方）も選択可能だ

××××落ちる受験生のパターン××××

・そもそもこの科目を勉強していない

・裏ワザをバカにしている

・本文を読み、理解できないところで立ち止まり、時間不足
　になる

・過去問より予想問題集や模試を優先する

・「正解の選択肢の性質」をわかっていない

新版 公務員試験㊙裏ワザ大全
【国家総合職・一般職／地方上級・中級用】
取れない点数まで取れる
マジックを体験しよう

津田秀樹著／定価1540円（税込）／2020年9月発行／エクシア出版

概要・特色▶選択肢の分析・研究に基づいて、選択肢だけから解答にたどりつく裏ワザを開発し、受験界に新風を吹きこんだ本。２色刷り。教養と専門の両方を扱う。

内容評価▶知識や本文とは関係なく、「まったく違う視点から問題を見る」「選択肢どうしを比較する」「選択肢を純粋に見てみる」という原則から、隠された正解をテクニックだけで見抜いてしまおうという本で、世評も賛否両論。「本番でこんな方法は使えない」というのが否定派の代表的意見であるが、**結論から言うと、この本は「使える」。**

　特に第２章、第３章は必読だ。これだけで正解が得られることが、文章理解だけでなく他教科でも少なくない。実力で２択まで絞ったとき、１つは「選択肢的におかしい」という理由ではじけるケースが実は相当多いのだ。**当書を読んでいるのといないのとでは、如実に差が出る。**

　試験に対する安心感が得られることも大きい。何の試験でもそうだが、受験生は試験を神聖視しすぎている。それが焦りや気後れを生み、実力通りの力を本番で出せないことも多いのだが、**当書をマスターしていると、試験、特に択一式試験などというものは自動車の運転免許試験と大差のないものだというような、いい意味でのなめた認識が可能になる。**

　文章理解などは、この本の視点を持っていないと、時間不足になるように問題文が作られている気がしてならない。絶対に読むべきだ。

　なお、模試ではこの裏ワザは使えない。模試の問題は本番とは選択肢の構造もちがっており、素直に実力を問うものが出るので、裏ワザの検討は必ず本番の問題（過去問）で行うように。

速読速聴・英単語
Core 1900　ver.5

ひたすら流し読みで時事英文対策

松本茂監修／松本茂、Gail K. Oura、Robert L. Gaynor著／
定価2090円(税込)／2018年3月発行／Z会

概要・特色▶CDつきで、速読・速聴・単語・熟語・時事知識の5ポイントが
身につくとうたった本。2色刷り、暗記用の赤いシートつき。

内容評価▶英字新聞などから抜粋した文章やオリジナル文章を並べ、右に
訳、次ページに単語解説を付けた本。4種類発売されているが、「Core」
で十分である。英単語は文中で覚えるのが基本で、文章を読みなれている
うちに自然に単語が頭に入っているという状態が理想だ。当書は時事向き
の題材が多く、単語も厳選されており、**予想問題集などの英文より短くポ
イントが凝縮された英文が読める。**国家一般職で英語選択の場合も含め、
当書で対策は十分。**ひたすら収録英文を読み返そう。**

山口俊治 英文法講義の実況中継
①・②【増補改訂版】
(全2冊)

「シノギ」のための緊急避難用ナビゲーター

山口俊治著／定価1320円(税込)／2015年2月発行／語学春秋社

概要・特色▶高2～大学入試用のロングセラー。「実況中継」シリーズの英文
法版。「200万を超える読者から熱い支持を受け」たという旧版を改訂してい
る。読みやすさが売り。2色刷り。

内容評価▶公務員試験では、何が突然難化するかわからない。また、民法
などは量が多く、合格点の4点以上をとるのはそれなりの労力がかかる。
そこで登場するのが**「英語(基礎)」の選択という「シノギ」**である。例
年短文の文法問題が2問出題されるが、大学受験時を思い出しながら当書
を1回通読するだけで、軽く解ける。時間短縮の意味でも大穴科目といえ
る。本番の科目選択の幅を広げる意味でも、一度読んでおきたい本である。

公務員試験
無敵の文章理解メソッド
✕ 無敵とは名ばかり

鈴木鋭智著／定価1540円(税込)／2017年4月発行／実務教育出版

概要・特色▶文章理解を内容把握・整序・空欄補充・英文に分けて解説。「出題者の手の内を全て公開」と称してテクニックを掲載。2色刷り。

内容評価▶実務教育出版らしくないテクニック本。**テクニックがはっきり滑っている。**誤答選択肢のパターンは常識的なものばかりで、『裏ワザ大全』にはっきり劣る。また、整序問題ではベン図を書くというテクニックが紹介されている。図を書くなどと、オーバーなことをやらなくても、キーワードで分割すればいいだけの話。それをあたかも画期的な技のように主張している。「無敵」とは看板に偽りあり。普通に過去問演習をしていれば自然に身につくようなことばかり言っているだけの本だ。

公務員試験【改訂版】
文章理解 すぐ解ける直感ルールブック
① すぐは解けないが正攻法

瀧口雅仁著／定価1980円(税込)／2020年3月発行／実務教育出版

概要・特色▶冒頭に「直感ルール」を挙げ、そのあとに「お試し問題」「実戦問題」を解いていく形式。2色刷り。

内容評価▶国家一般職は、文章理解の比率が高く、対策は必須となる。当書は正直言って「すぐ解ける」テクニックを載せているとは言えない。まったくの正攻法を解説している本ではあるが、**解説が詳しい過去問集として量をこなすのに使える。**「直感ルール」は、まあこんなものかと思う程度で十分で、あくまで演習用だ。『裏ワザ大全』を読んだら、まず当書で演習することをお勧めする。かなり差がつく科目なので、手を抜かないように。

特に役立つSUPER・COLUMN①

消　　え　　た　　本

本書では、受験生にとって使いにくい本、本番の点数にならない本、学習時間に効果が見合わない本などに容赦なく×評価をつけている。**×をつけた本は、実際に書店の店頭から消えて行くことも多い。**

かつて早稲田セミナーから「3時間でわかる」シリーズという本が出ていた。タイトルはセンセーショナルだが、実際には説明が雑な上に不親切で、絶対に3時間でわかるような類の本ではなかった。×評価をつけ、消滅していった。また「バイブル」というシリーズもあった。「Vテキスト」のようなもので、予備校の解説本だが、問題が全く掲載されていず、非効率の固まりのような代物であった。一昔前の公務員試験受験生は「バイブル」を読みながら「ウォーク問」（現在の「過去問解きまくり！」）で問題演習をするのがスタンダードだったのだが、はっきり効率が悪い。例年×評価をつけていたが、ついに絶版になってしまった模様である。真の「バイブル」（聖書）だったら、生き延びるはずだが、やはり受験生にとって使いにくい本だったに違いない。

過去問集にしても、解説がわかりにくい、問題と解答が見やすい編集になっていない、量が多すぎるなどのものは、どんどん×評価をつけ、しだいに駆逐されていった。**大学受験や他の資格試験の本に比べて、あまりに編集に芸がない本が多すぎたのだ。**

そのぶん、レイアウトが親切、説明がわかりやすい、分量が適切な本が生き残っていき、今の受験生は本書初版出版前より、はるかにわかりやすく、勉強しやすい本が多い恵まれた環境で勉強ができる。問題と解答・解説が一体化した教材が、昔はほとんどなかったが、現在は各科目で整備されてきている。勉強の効率が上がり、たいへんいいことだと思う。

公務員試験も平成24年度の変革から10年近くが経過した。**ますます、時代遅れで受験生に不親切な本で悠長に勉強している余裕はなくなっている。**受験生の言い分を代弁し、悪書には悪書だと率直な評価をして、よい本を応援していきたい。そして、なるべく勉強しやすい本が増えてほしいという本書のスタンスは変わらない。

jijiたんの勉強法コラム①

勉強の鉄則を意識すべし

　勉強の方法は人それぞれです。自分に合った勉強法を見つけ、それを継続することが合格への近道です。ただ、多くの合格者が口をそろえて言うこともあります。それら「勉強の鉄則」を守ることは合格を勝ち取るための近道と言っていいでしょう。いくつか「勉強の鉄則」を紹介します。

　①**基礎を大事にすること**。本試験ではどうしても難易度が高い問題が出題されますが、実はどの試験も難しい問題では合否は分かれません。どのような参考書にも書いてあるような事項、すなわち「基礎」が合否を分けています。難しい知識に固執することなく、まずは基礎をしっかり固めることが、実は試験勉強のコツです。

　②**アウトプット中心の勉強にすること**。勉強の基本はテキストを読むこと、授業を受けることだと考えてしまう人が多いですが、実は重要なのはアウトプット、すなわち問題演習です。問題を解けるようになるには問題を解く練習が必要なのです。

　③**勉強計画を立てること**。「勉強計画」というと、一日のスケジュール表などをイメージするかもしれません。しかしここでいう勉強計画とは、ゴールから逆算した、自分が本試験までにやるべきことを定めることをいいます。試験に不合格になる理由は「勉強計画が誤っていた」「勉強計画は正しいがそれを達成できなかった」の2種類しかありません。まずは大きな視点で勉強計画を立てましょう。

　④**暗記よりも理解を重視すること**。公務員試験は範囲が膨大ですから、丸暗記で試験を乗り越えることはできません。なぜなら、単なる丸暗記では柔軟な知識とはいえず、応用的な問題が解けないからです。また、人間が丸暗記できる量には限界があります。より柔軟で、記憶する量を減らすためには、それぞれの知識の裏側にある理由をしっかり理解しなければなりません。「理解なき暗記は有害無益」という言葉もあるくらい、とにかく理解重視の勉強をするべきです。

数的推理

受かる勉強法・参考書はこれだ!

捨ててはダメ!
数学で解かないのがツボ

□「数的はセンス」という受験常識はウソ!

　公務員試験で、ダントツに受験生の頭を悩ませるのが、数的推理と判断推理である。

　特に私立文系の受験生は、もともと数学に苦手意識がある人が多い。

　しかし、**数的推理は数学でも何でもない。**ただのパズル。理系出身者などは「方程式さえ立てれば解ける」と思うだろうが、方程式より速い解法が多々あるので、やはりトレーニングを積む必要がある。

　パズルが合否のヤマ科目というのもしゃくな話だが、最重要科目である以上、仕方がない。

　1日でも早く勉強を始める必要があるし、**毎日やらないといけない。数的推理と判断推理は少しでも間をあけるとカンが鈍る。**

　また、現在大学1～3年生で公務員受験を考えている人は、この科目だけは早めに勉強を開始することを勧める。圧倒的アドバンテージになる。問題のパターンをいかに理解し、現場で使いこなせるかというだけで、**「数的はセンス」という受験常識はウソだ。**

□ 数的推理は捨ててはいけない!

　数的推理を捨てる人が必ずいるが、その時点で公務員試験の受験はほぼ終了である。

　特に平成24年度からは教養での配点比率が上がり、これを全部捨てて同じ番号にマークするなどとやっていると、ま

ず合格の見込みはない。

　一般知能である程度得点を上げ、一般知識は捨てる科目は捨てて、取れる科目だけきっちりやるというのが基本である。

■初心者にお勧めの本

　では何をこなしていくかだが、まずは『数的推理　勝者の解き方　敗者の落とし穴』（139ページ）と『数的推理　勝者の解き方トレーニング』（140ページ）の2冊を読む。

　いきなり過去問集にいくより、まずはこれらの導入本をやり、同時に裏ワザを知っておいたほうが本番の点数養成になる。予備知識は不要だ。

　まずはこれらの本の問題を解けるようにしていく。『勝者の解き方　敗者の落とし穴』は頻出順になっており、公務員試験のよく出る分野も自動的にわかる。

▶▶▶**コラム**◀◀◀　**あてはめ**

　数的推理や判断推理は、共通テストの数学とは異なり、答が5択の形式のどれかという形で書いてある。

　何も解法が思いつかなかったら、順に選択肢を代入して検算し、合っているものをあてはめればいい。

　これは絶対に必要なテクニックであり、『数的推理　勝者の解き方　敗者の落とし穴』で慣れておき、模試などでも試してみよう。

　本番で確実に1点は拾える。

■一番いいのはこの本!

これが終わったらいよいよ本格的に実力の養成に入る。

これには『畑中敦子の初級ザ・ベスト　数的推理／資料解釈』（140ページ）を使う。

国家一般職、地上レベルの数的推理対策で一番いいのはこの本であると断言する。

『数的推理がみるみるわかる！ 解法の玉手箱』（142ページ）もなかなかの良書。ほとんど差はないので、好みのほうを使えばいいが、同一の著者であるほうが参考書同士の相性がよく、勉強しやすい。迷うなら畑中本を勧める。

また、ワンランク上の『畑中敦子の数的推理ザ・ベスト』（141ページ）をいきなりやるよりは、やさしめの『初級ザ・ベスト』をやっておいたほうが学習がスムーズに進む。迷わずこの本に取り組もう。

中学入試や高校入試の本がいいという人もいるが、不要な部分が大量に含まれている。中学高校入試レベルで必要なところは、予備校講師が押さえてくれているはずで、それを使って直接ナマの問題に当たるほうが圧倒的に速い。

■『初級ザ・ベスト』の使い方

やり方は、まず問題を読み、すぐに答と解説を読む。

自力で解く必要はない。そもそも自力で解けるのなら問題集など必要ない。

そして、ここからが大切。解説を読んで「ああ、なるほど」と次の問題に行くのが最悪パターンである。解答を写すだけ

で次の問題に移るというのもダメ。

　必ず問題だけを読んで、その場でもう一度解いてみる作業が必要である。要するに問題とその解き方をパターンとしてセットで覚える。

　数的推理ではこの作業が特に重要になるので、念を押しておく。その場で解けなかったら本番では絶対に解けない。

　その場で解いてみようとして解けない場合、もう一度解説を読み、また問題だけを読んで解けるかどうかチェックする。これを繰り返す。問題によっては5回ぐらい繰り返すことになる場合もあるかもしれないが、とにかくその場で解けるようにする。

　いつまでたっても先の問題に進まずイライラすることもあるだろうが、ここで腰を据えた者が最終的には勝者となる。落ち着いて取り組むべきところだ。

　また、この本を終わらせるまで、過去問や模試などに一切手をつける必要はない。とにかく1冊を完全マスターするのが、数的推理では何よりも大切である。

■やり終える前から復習も並行して進めよう

さて、この方法で『初級ザ・ベスト』の全問を潰すわけだが、**絶対に忘れてはいけないのが復習である。**

１冊やり終えてから復習しようなどと思っていると、やり終えたころにはすべて記憶がパーになっている。**１つの問題をマスターしたら、３日以上連続で必ず見直しておくように。**

できれば自力で解きたいところだが、時間がない場合は問題と解答を読み直すだけでも全然違う。**「やり終える前から復習も並行して進める」ことが数的推理と判断推理では特に必要**となるので、注意したい。

とにかく最初のうちは、同じ問題を繰り返し復習して解法パターンを身につけないと、いつまでたっても基礎力がつかずに、本番で爆死する。気長に取り組もう。

▶▶▶**コラム**◀◀◀　解く順番と本番の戦術

教養本番では、一般知識を片づける→文章理解→資料解釈→残り時間で数的推理と判断推理という順番で解くのがいい。

一般知能から先にやると、それだけで大量に時間を食い、焦りから一般知識で取れるはずの点数まで落としてしまうことが多いからだ。

数的推理と判断推理のどちらを先にやるかは、模試などから個人で判断していただくしかないが、どちらかといえば、判断推理を先にやるほうがお勧めである。

数的推理でまったく時間がない（解法を思いついている時間

もない）場合、カンでマークするわけだが、不合格者は「全部同じ番号にマークした」というような人が多い。それではあまりに正解率が低すぎる。

　それより少し正解率の上がる方法として「約数の多い数字にマークしておく」というのがある。7や13よりは12や20にマークしておいたほうが、統計的には正解率が高い。またルートの中身はほとんどが2か3である。

　一般知識でまったく見当のつかない問題、捨てた問題なども、文章理解で身につけた裏ワザで、大胆に選択肢を捨てる。常識でおかしいのはアウト、日本語としてわけがわからなかったり、難解すぎる表現はアウト。他の選択肢と共通部分の多いほうが正解、などとやっていけば、取れないはずの点数が取れてしまうことはけっこうある。

　マーク式試験は、実力で解こうがカンでたまたま当てようが、1点は1点。冷静にもぎとっていきたい。

□ 次は『畑中敦子の数的推理ザ・ベスト』

『初級ザ・ベスト』が終わったら、そのまま『畑中敦子の数的推理ザ・ベスト』（141ページ）に移る。同一の体裁で数的の問題を丁寧に解説してある。国家一般職、地上の数的推理では、『畑中』の2冊だけで解法パターン数は足りる。

『初級ザ・ベスト』と『ザ・ベスト』をやり終えれば、まず合格レベルだ。

　要するに、問題を読み終えたときに即座に頭に解法が浮かぶ問題を何問ストックしておくか、という勝負である。

特に「○○算」の解法は覚える。

これに数的推理の得点力はかかっている。

なお、いくら数学ではないといっても、１次方程式、２次方程式、因数分解、ルートの計算といった中学生レベルの数学が使えなかったら話にならないので注意が必要だ。この手の計算が遅い人や不正確な人は、１日１問でもいいから、単純な計算練習をするように心がけよう。

理系出身者などは「数学で解けばいいや」と思っている人も多いと思うが、**数学より速い解法がこの分野には多々あるので、絶対に数的推理の本で勉強しておく必要がある。**

■過去問を解いてみよう

「数学より速い解法が数的推理にある」と言われるだけではわかりにくいだろうから、具体例を挙げておこう。

A～Cの３人が同じ地点から出発する。Aが出発して10分後にBが出発し、Bは出発して10分後にAを追い越した。CはBより10分遅れて出発し、出発して30分後にBを追い越した。CがAを追い越したのは、Cが出発してから何分後か。

（選択肢は省略）

（特別区　教養　数的推理）

数学で解くと、

A、B、Cの速さをa、b、cとし、求める分を x 分後とする。

$20a=10b$

40b=30c

（20+x）a=cx

を解くことになる。

数的推理の解き方だと、

　Aが20分かかる距離をBは10分しかかからないので、A
とBの速さの比は1：2。同様にBが40分かかる距離をC
は30分かかるから、BとCの速さの比は3：4。（かかる時
間と早さの比は逆比になるという有名パターン。他に似たよ
うなパターンとしては、濃度問題では濃度の配分の比は、混
ぜる溶液の重さの逆比というのもある）

　つまり速さの比はA：B：C＝3：6：8

　Aが（20+x）分かかる距離をCはx分かかる。

　（20+x）：x＝8：3

　を解いてx＝12

□ その他の本

　さらに余裕があれば、過去問演習として「スー過去」など
に取り組むが、ここまで余裕のある受験生は少ないと思う。
模試で十分だ。

　過去問は時間配分や捨て問探しの練習として「過去問500」
（32ページ）で数年分の問題数を自力でやってみる程度でいい
と思う。また、地方上級の志望者は畑中氏の『**地方上級・A
日程　出る順　数的処理**』を検討しておきたい。地方上級は問
題用紙を持ち帰れないため「再現問題」は貴重である。

『数的推理 勝者の解き方 敗者の落とし穴』と
『同トレーニング』(エクシア出版)を読む。 　1週間

『畑中敦子の初級ザ・ベスト 数的推理／資料解釈』(エクシア出版)か、
『数的推理がみるみるわかる! 解法の玉手箱』(実務教育出版) 　1カ月
のマスター。

『畑中敦子の数的推理ザ・ベスト』
(エクシア出版)のマスター。 　1カ月

『初級ザ・ベスト』『ザ・ベスト』の見直し

■図形の難問は捨てていい

　図形対策（判断推理の図形分野も含む）として、『空間把握　伝説の解法プログラム』（143ページ）はよほど余裕のある人だけ手をつけるべき本である。

　立体図形の問題は、結局本番ではカンで答えざるをえないことが多々あり、この本の内容をマスターして臨むのは、通常の受験生（特に私立文系出身者）には相当無理がある。

　本番まで半年以上余裕があり、なおかつ図形問題に万全を期したい人にしかお勧めしない。同様の理由で同じ著者の『数的推理　光速の解法テクニック』は、あまり読む必要はない。ごく基礎的なパターン問題だけ解ければいい。

　図形は平面にしろ立体にしろ、いくらでも難問が作れるし、パターン化がきわめて困難だ。面積と体積の頻出問題ぐらいができれば十分。**それ以上の難問は差がつかない。**

```
▶▶▶コラム◀◀◀  数的推理・判断推理の捨て問

　数的推理・判断推理は問題集でも捨て問がかなりある。解説
を読んでもわからない問題は、中学生レベルの数学がわかって
いないからわからないという場合を除き、さっさと飛ばして先
へ行ってしまおう。
　本番でも同様。全問当てるのは絶対に無理で、解けそうな問
題から解くのが最大のポイントだ。
　後回しにしたほうがいい問題は、「立体」「問題文が長い問題」
「登場人物が多い問題」など。
　問題集を全問マスターしようとしてはいけないし、本番でも
全部当てようなどと思ってはいけない。決めた問題だけを覚え
ればいいし、決めた問題を正解すればいい。
```

■確率は絶対に捨ててはいけない

　なお、図形はほとんど捨てるにしても、**確率（場合の数）
は絶対に捨ててはならない。**

　確率がわからない人は、順列と組み合わせの区別がついてい
ないのが一大要因なので、その2つの違い（並べる順番ま
で考えるのか、単に組み合わせを選ぶだけかの違い）をしっ
かり理解しよう。本番では「知っているパターン」と「あて
はめ」と「カン」で、なんとか誤答を2～3問以内に抑えたい。
　ここまでに述べてきた準備で十分可能な量だ。

○○○○**受かる受験生のパターン**○○○○

・早めに手をつけ、毎日やる

・パターン暗記科目と割り切り、パターンの記憶に努める

・問題は自力で解かないが、答を見たら解き直している

・他人に説明できるぐらいまで復習している

・本番でわからないときの「あてはめ」「書き出し」などの手
　法を知っている

・・・

××××**落ちる受験生のパターン**××××

・面倒なので勉強をほったらかしにしている

・そもそも科目自体を捨てている

・自分で考えながら解き、わからない問題は解説を見て納得
　して終わりにする

・本番でわからないときはカンでマークする

・図形問題に必要以上にハマる

公務員試験　畑中敦子×津田秀樹の「数的推理」
勝者の解き方　敗者の落とし穴 NEXT

◎ 導入本ではベスト

畑中敦子監修・津田秀樹著／定価1760円(税込)／2020年4月／
エクシア出版

概要・特色▶数的処理の第一人者と『裏ワザ大全』の著者のコラボ本。初心者にわかりやすいよう知識ゼロから解説。2色刷り。図・イラスト多数。

内容評価▶国家一般職基礎能力試験の数的推理の比率が上がり、ますますこの科目の重要性が増した。しかし、依然として受験生にとって敷居は高く「何をやったらいいかわからない」「やっても点数にならない」「あの本はわからない」という怨嗟の声のオンパレードである。逆に言えば、数的推理の勉強に抵抗がなくなれば、それだけで相当なアドバンテージになる。

当書は、**数学の知識ゼロからの状態でも理解できる、非常にかみ砕いた解説をしており、導入にはベストだ**。配列は公務員試験頻出順になっており、**よく出る分野が一目瞭然**。例題のすぐ下に相当な分量を取った解説があり、非常に理解しやすい構成で、あっという間に一冊こなせる。**「数的は捨てた」などと言っている人は、まずこの本を読むべきだ**。他書の数倍の解説量があり、他の本で何を言っているのかわからなかった分野が、当書で理解できることがけっこうあるはずだ。図やイラストを多用し頭に残りやすい構成になっており、理解だけでなく記憶もはかどる。

得意な人でも、確認のために一読しておいたほうがいいだろう。少ない問題数で全分野を頻出順にまとめており、何がどう出されるか、実際に過去問を通して理解できる。

公務員試験必須のテクニック「あてはめ」も出ており、正攻法で解くだけではなく裏ワザ的解法もしっかり出ている。"時間対効果"が非常に高い。絶対に読んでおくべき一冊だといえるだろう。

畑中敦子の「数的推理」
勝者の解き方トレーニング

① 問題演習に好適

畑中敦子著／定価1430円（税込）／2020年9月発行／エクシア出版

概要・特色▶数的推理の過去問を頻出分野から順にわかりやすく解説。2色刷り。

内容評価▶『「数的推理」勝者の解き方　敗者の落とし穴』の問題演習バージョン。詳しい解説は健在で、数学が不得意でも理解できる構成になっている。数的推理や判断推理は、「スー過去」などで量をこなすより、詳しい解説がついた本で演習を積む方が得点力がつく。解き方やテクニックを学んだあとは、こなした量に本番の得点は比例する。**数的推理や判断推理は普通の過去問集で演習する時代は終わったと言える。**解説の詳しい本で量をこなした人の勝ちだ。

畑中敦子の初級ザ・ベスト NEO
「数的推理／資料解釈」「判断推理」（全2冊）

① 焦らず基礎から

畑中敦子著／各定価1650円（税込）／2021年7月〜8月発行／エクシア出版

概要・特色▶著者は元ＬＥＣ公務員講座の人気講師。講義形式で数的科目を分かりやすく解説。問題は一般職高卒レベル。2色刷り。図多数。

内容評価▶長年本書で〇評価にしていた畑中氏により、最新の問題を多数入れた新作が登場した。初心者には文句なく勧められる出来となっている。「これでは本試験には足りないのでは？」と思う人は甘い。**苦手にしている人が多い科目だからこそ、敷居の低い本でしっかり解法パターンを仕入れたほうが、かえって勉強が能率よく進むのだ。**急がば回れだ。焦らず基礎から固めよう。

畑中敦子の 数的推理ザ・ベスト 2022

数的推理に革命を起こした 著者の自信作

畑中敦子著／定価1980円(税込)／2021年1月発行／エクシア出版

概要・特色▶著者は元LEC公務員講座の人気講師。講義形式で数的推理の解法を伝授する。2色刷り。図多数。

内容評価▶著者の畑中氏は、解説能力が非常に高く、他の著者に比べて圧倒的にわかりやすい解説が群を抜いている。数的推理や判断推理は、公務員試験独特の科目だが、わかりやすい解説書は実はそうない。

当書は**収録問題が新しく、今後のアップデートも期待できる。こちらを使ったほうが賢明である。**

わかりにくいところを手厚く解説し、初心者でも理解できるレベルに落としこんでくれる。現在、公務員の数的推理をこれ以上わかりやすく解説できる著者はいないだろう。

数的推理はこの本をまず潰すのが前提だ。当書の全問をまず解けるようにする。それをしないと何も始まらないと思ったほうがいい。

問題は使い方。本文でも書いたので参照してほしいが、答を読んで「ああ！なるほど」→次の問題へ……では、結局何も頭に残らない。必ずその場でもう一回解いてみるように。解説がわかるというのと、実際に手を動かして解けるというのにはかなり差があるので注意しよう。

ともあれ、数的推理を楽しく攻略するのには必須の一冊だ。いきなり「スー過去」などをやってさっぱりわからず、あきらめかけている人は、まずこれを読もう。

この本をこなせるかどうかが、公務員試験を攻略できるかどうかに直結する。必ずマスターすべき一冊だ。

公務員試験
数的推理がみるみるわかる!
解法の玉手箱【改訂第2版】
🔵 **実務教育出版としては異例のわかりやすさ**

資格試験研究会編／定価1540円(税込)／2016年8月発行／実務教育出版

概要・特色▶数学が苦手な人向けに詳しい解答をつけた、講義形式の数的推理本。算数のおさらいもあり。問題は市役所レベルが主。

内容評価▶数的推理全範囲に関して、学習しやすい例題形式に、実務教育出版の本としては、異例に詳しい解説をつけてある。苦手な人でも、かなり楽に理解が進むはずだ。問題のレベルは易しいが、実際本番で確実に解かなければいけないのは、当書程度のレベルの問題だ。数的推理・判断推理は、『初級ザ・ベスト』『ザ・ベスト』と、当書を使えば、勉強の能率がぐっとよくなるはずだ。**これらの解説本を使いこなせば、過去問集はほぼ不要だ。**

岡野朋一の算数・数学のマスト
❌ **マストではあるがオールではない**

岡野朋一著／定価1320円(税込)／2016年12月発行／東京リーガルマインド

概要・特色▶数的推理・判断推理に必要な算数や数学の知識をコンパクトにまとめて解説。著者はLECの専任講師。

内容評価▶直接数的推理や判断推理をやる前に、前段階で算数や数学の復習専門の本をやるのはあまり勧められない。労多くして益少なしの結果に終わることがほとんどで、最初からナマの問題にあたり、必要な知識はそこで身につけていくようにしたい。当書もその例にもれず、「10日で終わる」とのことだが、それができるのは最初から得意な人だけで、そういう人はこの本は不要である。**また、図形の分野が一切ない。**必要な算数や数学の知識を網羅しているとも言えず、まったく中途半端な一冊である。

公務員試験
空間把握 伝説の解法プログラム
全部理解できたら「伝説」の受験生

鈴木清士著／定価1210円(税込)／1999年12月発行／実務教育出版

概要・特色▶「逆の方向をたどる」「逆の操作を行う」など、38の「戦略的プログラム」にのっとって図形分野の攻略を説いた本。新書より少し大きいハンディタイプ。2色刷り。

内容評価▶図形は理解しにくい。本書は『ザ・ベスト』などに出ているパターン問題が解ければ十分で、それ以上の対策は不要という立場である。

　そんななか『伝説』である。テクニックを多数載せてはいるが、もともと難しい分野でもあり、全部理解できたらまさに「伝説」というぐらい時間がかかる。苦労してこなしたところで、本番では1点拾えるかどうかというところだろう。**労多くして益少ない本である。不要だ。**

jijiたんの勉強法コラム②

勉強時間を確保すべし

みなさんは一日何時間勉強をしていますか？　仕事をしている人もいれば、育児をしている人、その他、いろいろとやらなければならないことがある人はいるでしょう。しかし一度立ち止まって考えてほしいのは、本試験ではそのような各自の勉強環境など一切考慮されないことです。私は公認会計士試験や司法試験の受験時代に、一日17時間程度の勉強をしていました。もちろん専業受験生ですし、これを真似しろとは全く言いません。でも、こうした専業受験生や学生などの勉強時間を確保できる人たちと同じ土俵で戦わなければならないのです。

ところで、勉強の成果は「**勉強時間×勉強効率**」という式で表すことができます。さまざまな勉強方法を取り入れて勉強を効率化したとしても一日30分の勉強では受かることはできません。他方で、一日20時間勉強したとしても、勉強効率が悪ければ試験に受かることはできません。なので、勉強時間も勉強効率も、いずれも最大化する努力が必要になります。

ただ、少し意外なのが、勉強時間を増やしていくと、自然と勉強効率も上がるということです。これを「**量質転換の法則**」などともいいます。私も実感しましたが、勉強時間を増やすと、これほど勉強しているのに点数が上がらないのはなぜなんだ、と考え始め「無駄なことはやりたくない」という考えに変わります。自分で勉強方法を見直し始めるのです。なので、勉強時間を増やすことが結果的には勉強効率も上げることになります。

勉強時間というのは机に向かっている時間だけを指すものではありません。通勤通学の電車の中や、家から駅までの歩いている時間、また食事やお風呂の時間も、勉強はできます。机の上では参考書の読み込みや問題演習を、他の時間では覚えるべき表の記憶など、場所に合わせた勉強をすることで勉強時間を増やすことができます。いかに隙間時間をうまく使うかが、合格の秘訣です。

判断推理

受かる勉強法・参考書はこれだ!

パターンを知っているかどうかで
致命的な差が出る

■勝負科目の一つ!

　数的推理よりは、数式の必要がないぶん、判断推理のほうが取り組みやすい科目である。完全にパズル。数的推理と違い、公式らしい公式もほとんど存在しない。

　「対策のしようがないじゃないか」という受験生も多いと思う。**だが対策はしっかり存在する。パターンを知っているかどうかで致命的な差が出る。**やるのとやらないのとでは大違いだ。勝負科目の一つで、しっかりした対策が必要だ。

■出題傾向を把握する

　まずは数的推理と同じく『判断推理　勝者の解き方　敗者の落とし穴』(157ページ)と同「トレーニング」(157ページ)の2冊を読む。

　繰り返しになるが、いきなり過去問集にいくより、導入本をやり、同時に裏ワザを知っておいたほうが本番の点数養成になる。数的推理と同じく頻出順になっており、公務員試験のよく出る分野も自動的にわかる。

■やさしめの本でパターンを押さえる

　次に『畑中敦子の初級ザ・ベスト』(140ページ)か、「解法の玉手箱」シリーズ(142ページ参照)が有効だ。

　やり方は数的推理と同じで、考えずに解答を読んで覚える。

　やさしめのパターン問題が網羅され、ていねいな解説がついている。**数的推理よりパターンが少ないので、数学が苦手な人でも絶対にあきらめないように。**

ベン図や論理記号が書ける、対応表を作れるところまでが
ひとまずの目標だ。要するに、この科目もパターンで解く。

目標
○「AならばBである」の対偶が取れる
○「Aの中にはBもある」がベン図で書ける
○ある文章から対応表や勝敗表が作れる

□次は『ザ・ベスト』

　加えて『畑中敦子の判断推理ザ・ベスト』（158ページ）だ。
もともと判断推理は数式がほとんどないので、私立文系の人
でも、数的推理よりとっつきやすい。『初級ザ・ベスト』で
初級問題をきちんと押さえておけば、この本はすいすいこな
せるはずだ。

　そして、ここまでやれば国家一般職、地上の合格レベルで
ある。

　その後は、自分の受ける試験の過去問を「スー過去」など
から選んでこなしておけば万全。ただし、過去問とまったく
同じ問題が出される可能性は低いので、過去問潰しは"時間
対効果"があまりいいとはいえない。ほどほどに。

□見たことがない問題は本番では捨てる

　見たことのない問題が本番で出題される可能性が一番高い
科目だが、そういう問題は誰もできないので、気にしなくて

いい。以上の4冊のパターンを身につければ、十分合格レベルである。焦らず気長に取り組んでほしい。

■本番での注意点

○「確実に言えるもの」を選ぶときは、「言えないもの」を消していく

○「ありうるもの」を選ぶときは、あてはめて見つける

○考えるより、条件を図にするか、あてはめるか、あるいは書き出す。手を動かすほうが速い

○暗号は、文字数から日本語なのか英語なのかをまず考える

○「あるPはQである」または「Pの中にはQもいる」というタイプの問題では、ベン図を使わないと解けない（論理式ではできない）

○論理の問題はとにかく対偶を取れ

1点でも多く稼ぐために、これらを意識しておいてほしい。

『判断推理 勝者の解き方 敗者の落とし穴』と同『トレーニング』（エクシア出版）を読む。 1週間

『畑中敦子の初級ザ・ベスト 判断推理』（エクシア出版）か、『判断推理がみるみるわかる! 解法の玉手箱』（実務教育出版）のマスター。 3週間

『畑中敦子の判断推理ザ・ベスト プラス』（エクシア出版）のマスター。 1カ月

『初級ザ・ベスト』『ザ・ベスト』の見直し

過去問を解いてみよう

参考までに、過去問を何問か解いておこう。

A〜Fの6人は、図書館でそれぞれ1冊の本を読んだ。AとDは同時に本を読み始め、その10分後にBとEが同時に本を読み始め、さらに、その10分後にCとFが同時に本を読み始めた。次のことが分かっているとき、A〜Fがそれぞれ本を読み始めてから読み終わるまでに要した時間について確実にいえるのはどれか。

ただし、6人とも、本を読み始めてから読み終わるまで、本を読むことを中断することはなかったものとする。

○　AとEが本を読み始めてから読み終わるまでに要した時間は、同じであった。

○　Bが本を読み始めてから読み終わるまでに要した時間は、Eのそれよりも4分短かった。

○　Cは、Bよりも先に本を読み終わり、Aよりも後に本を読み終わった。

○　Dは、Bが本を読み終わって1分後に本を読み終わった。

○　Eは、Fが本を読み終わって4分後に本を読み終わった。

1．Aは、6人の中で3番目に短かった。

2．Bは、6人の中で2番目に短かった。

3．Cは、6人の中で最も短かった。

4．Dは、6人の中で4番目に短かった。

5．Fは、6人の中で3番目に短かった。

（国家一般職　基礎能力　判断推理）

　　AとEは読み終えるのに同じ時間かかっている。30分とあてはめておく。

　　すると、BはEより4分短いので26分。

　　DはBより10分早く読み始めて、1分後に読み終わっているので、Bより11分遅い。37分。

　　FはEより10分遅く読み始めて、4分早く読み終わっている。Eより14分早い。16分。

　　CはBの10分後に読み始めているが、Bより早く読み終わっている。Bより10分以上早い。

　　正解は3。

方程式をできるだけ立てずに、具体的な数字で考えてみると、わかりやすくなるうえ、早く答えが出る問題が多い。

　　一辺の長さが1の正方形の各辺を4等分し、4等分した点の一つと頂点を、図のように線分で結んだとき、網掛け部分の図形の面積はいくらか。

1．$\dfrac{9}{17}$

2．$\dfrac{7}{13}$

3．$\dfrac{10}{17}$

4. $\dfrac{8}{13}$

5. $\dfrac{11}{17}$

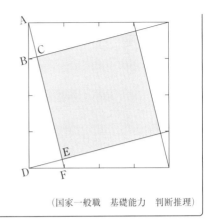

（国家一般職　基礎能力　判断推理）

中学受験だと、やさしすぎて選抜にならない程度の問題。
図形を捨てていませんか？　というだけだ。

三角形ABCと三角形ADEは相似で、相似比は1：4だから、面積の比は1：16。

三角形ABCと三角形DEFは合同で、この面積を1とすると、

三角形ADEの面積は16。

三角形ADFの面積は三角形ADE＋三角形DEF＝16＋1
＝17。

これが全体の正方形の$\dfrac{1}{8}$なので、正方形は17×8＝136。

網掛け部分は正方形から三角形ADEを4倍したものを引けばよいので、136－64＝72

つまり、$\dfrac{72}{136}＝\dfrac{9}{17}$となる。

ある工場では、2種類の製品A、Bを製造しており、その製造に要する時間は、それぞれ1個あたり、常に次のとおりである。

$$製品A：4 + \dfrac{20}{製品Aの製造を担当している作業員の人数}（分）$$

$$製品B：6 + \dfrac{30}{製品Bの製造を担当している作業員の人数}（分）$$

　ある日、この工場では、合計60人の作業員を製品A、Bのいずれか一方の製造の担当に振り分けて同時に製造を開始したところ、4時間後の時点で、この日に製品Bを製造した個数がちょうど35個となり、製造を一時停止した。製品Aの製造を担当する作業員を新たに何人か追加して製造を再開したところ、再開して2時間20分後に、この日に製品Aを製造した個数がちょうど80個となり製造を終了した。この日、製品Aの製造を担当する作業員を新たに追加した後、製品Aの製造を行っていた作業員の人数は何人か。

　ただし、作業員は、担当となった種類の製品の製造のみを行うものとする。

1．28人
2．30人
3．32人
4．34人
5．36人

（国家一般職　基礎能力　判断推理）

2時間20分は140分だから、28人だとすると、1個当たり $4 + \dfrac{20}{28} = \dfrac{33}{7}$ 分かかる。1分では $\dfrac{7}{33}$ 個できる。140分後は割り切れずバツ。

30人だとすると、1個当たり $4 + \dfrac{20}{30} = \dfrac{14}{3}$ 分かかる。1分では $\dfrac{3}{14}$ 個できる。140分後は30個できる。これが正解。**あてはめるだけの楽勝問題**だが、見かけに惑わされて正解率は低かったようだ。

答が整数の問題は、かならずあてはめて考えるようにしよう。

1〜6の目が一つずつ書かれた立方体のサイコロを3回振ったとき、出た目の和が素数になる確率として、正しいのはどれか。

1. $\dfrac{23}{108}$

2. $\dfrac{13}{54}$

3. $\dfrac{29}{108}$

4. $\dfrac{67}{216}$

5. $\dfrac{73}{216}$

（東京都 I 類B　一般方式　教養）

サイコロを3つ振ると、最小で3、最大で18までありえる。その中で素数は3、5、7、11、13、17。

3の出方は1通り。

5の出方は（2、2、1）の3通り、（3、1、1）の3通り。

7の出方は（5、1、1）の3通り、（4、2、1）の6通り、（3、3、1）の3通り。（3、2、2）の3通り。

11の出方は（6、4、1）の6通り、（6、3、2）の6通り、（5、5、1）の3通り、（5、4、2）の6通り、（5、3、3）の3通り、（4、4、3）の3通り。

13の出方は（6、6、1）の3通り、（6、5、2）の6通り、（6、4、3）の6通り、（5、5、3）の3通り、（5、4、4）の3通り。

17の出方は（6、6、5）の3通り。

よって、求める確率は$\dfrac{(1 + 3 + 15 + 27 + 21 + 3)}{216} = \dfrac{73}{216}$。

確率は本書でも毎年指摘しているように、絶対に捨てられない。最重要分野の一つだ。本問も勉強したかどうかだけが問われている、内容としてはきわめて単純な問題。これを落とした人は相当厳しかったと思われる。確率は『勝者』他で徹底的に練習しておこう。

図Ⅰに示すように、正八面体と立方体は、正八面体の隣り合う面（一辺で接する面）の中心を結んでできる立体は立方体に、また、立方体の隣り合う面の中心を結んでできる立体は正八面体になるという関係にある。

このとき、図Ⅱのような切頂二十面体（いわゆるサッカーボール型の立体）の隣り合う面の中心を結んでできる立体として最も妥当なのはどれか。

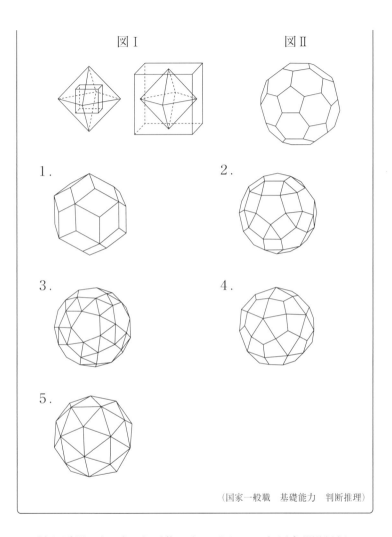

図Ⅰ

図Ⅱ

1.

2.

3.

4.

5.

（国家一般職　基礎能力　判断推理）

　見た瞬間、切頂二十面体。なにそれ？　と思う問題だが、**そんな立体の知識を聞いているわけがない**ので、ちょっと考えればまったく簡単な問題。

立体はひとつの頂点に着目するのが定石で、ひとつの頂点に集まっている３つの面を考えて、中心を結べば、三角形になる。

　すべての面が三角形でできている多面体は５しかなく、これが正解。

○○○○受かる受験生のパターン○○○○

・裏ワザ本を読み、本番での対応力をつけている

・自力で解かず、パターン暗記と割り切る

・問題文を読んだら、最低限どういう考え方をすればいいかがわかる

××××落ちる受験生のパターン××××

・科目自体を捨てている

・論理記号やベン図の意味がわからない

・自力で解くのが楽しすぎて、他教科の勉強がはかどらない

公務員試験　畑中敦子×津田秀樹の「判断推理」
勝者の解き方　敗者の落とし穴 NEXT
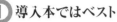
導入本ではベスト

畑中敦子監修・津田秀樹著／定価1760円(税込)／2020年4月発行／エクシア出版

概要・特色▶判断推理の第一人者と『裏ワザ大全』の著者のコラボ本。初心者にわかりやすいよう知識ゼロから解説。2色刷り。図・イラスト多数。

内容評価▶数的推理同様、頻出順に解説してあり、解説もきわめて丁寧で、ページ数の割には早くこなせる。難易度もだいたい適切で、合格するのに解ければいいような問題を解説してある。数的推理・判断推理ともに、現在は解説本が多数出ており、過去問集を苦労してやる必要はほとんどない。解説本で演習したほうがテクニックを修得する観点からも、ずっと効率がいい。当書はその観点からも、読んでおくべきだろう。

畑中敦子の「判断推理」
勝者の解き方トレーニング
問題演習に最適

畑中敦子著／定価1430円(税込)／2020年9月発行／エクシア出版

概要・特色▶判断推理の最新過去問を頻出分野から順にわかりやすく解説。2色刷り。

内容評価▶『「判断推理」勝者の解き方　敗者の落とし穴』の問題演習バージョン。非常にていねいな解説で理解しやすい構成になっている。**演習書として価値ある一冊だ。**なお、自分の受ける試験区分によってやる分野に濃淡をつけるように。「暗号」や「操作・手順」は、国家一般職ではほとんど出題されない。

　この2冊で頻出分野がわかるので、ゴールを意識しやすい。全体像の把握にも役立つ本である。

畑中敦子の
判断推理ザ・ベスト 2022

⭕ 必要十分の一冊

畑中敦子著／定価1980円(税込)／2021年2月発行／エクシア出版

概要・特色▶著者は元LEC公務員講座の人気講師。講義形式で判断推理の解法を伝授する。2色刷り。図多数。

内容評価▶現在出版されている国家一般職、地上レベルの判断推理の本では、**当書がいちばんわかりやすい**。問題のレベルも適当で、文系出身者でも気軽に読める難易度となっている。

　試験場で使えないような解法は省き、必要なエッセンスはすべて詰まっている。**とにかく勉強の初期に、当書を徹底的にやることをまずお勧めする**。過去問はそのあとだ。

　立体対策もこの本だけでよい。それ以上深入りしないほうが賢明だ。

公務員試験
判断推理
必殺の解法パターン【改訂第2版】

❌ 役割を終えた

鈴木清士著／定価1320円(税込)／1999年11月発行／実務教育出版

概要・特色▶50の「必殺パターン」で解法を整理。巻末に「新傾向知能問題『判断・数的推理』の対策」と題して、「最短経路アルゴリズム」「ネットワーク問題」など19のパターンを紹介している。新書より少し大きいハンディタイプ。

内容評価▶長年評価し続けてきた当書ではあるが、役割を終えたように感じる。これだけわかりやすい本が、より読みやすい体裁で出てきた時代では、**当書を無理をして使い続ける必要は全くない**。

　想定しているレベルが完全に国家総合職レベルで、不必要に高すぎるのもマイナスポイントとなる。一時代を築いた本ではあるが、もはや静かに身を引いていくべき立場になったと言えるだろう。

資料解釈

受かる勉強法・参考書はこれだ!

計算短縮のテクニックが
どうしても必要!

■手間取らないための対策が欠かせない!

　資料解釈は国家一般職では３問出される。「計算すればできる」と考え、捨てている人が多いが、大間違いである。対策しているのといないのとでは、本番でかかる時間が違ってくるからだ。**資料解釈で手間取ったあげく誤答するというのは、典型的不合格パターンなので注意しておく必要がある。**

■『資料解釈　ザ・ベスト』がベスト

　この科目も『資料解釈　ザ・ベスト』（164ページ）がやはりいい。説明がわかりにくい『資料解釈　天空の解法パラダイム』（164ページ）の時代は終わった。

　資料解釈の問題は、まともに計算していくと、時間不足になることが確実である。したがって、計算短縮のテクニックがどうしても必要になる。現在、資料解釈のまともなテクニックをわかりやすく扱っている本はこれしかない。

　資料解釈は自力で解かないと演習効果が落ちるので、この本は例外的に自力でやる。わからない部分は飛ばしてよい。

　その後は余裕がある人のみ『スピード解説』を自力でやる。自力でやらないと意味がない。もちろん電卓など使うのはもってのほかである。

■単純に選択肢１から計算しない

　本番では当然全部正解したいが、その際「選択肢のカン」を身につけておく必要がある。

　一番計算が簡単そうな選択肢を計算したら、それが正解

だったというパターンは少なくない。おそらくこれが正解だ
ろうという選択肢から順に計算していくカンが必要である。
　計算は2桁、せいぜい3桁で行う。4桁でやっていると時
間が確実に不足する。

　図は、ある国の国営銀行・民間銀行の債権総額と不良債権
率の推移を示したものである。これから確実にいえるのはど
れか。なお、不良債権率とは、不良債権額が債権総額に占め
る割合をいう。

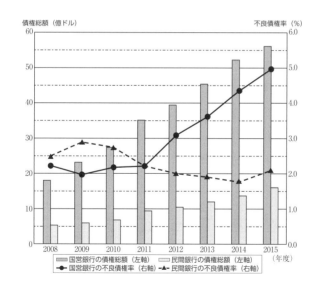

1．2008 ～ 2011年度の間、いずれの年度も、民間銀行の不
　良債権額は、国営銀行の不良債権額を上回っている。

2．2008 〜 2015年度のうち、民間銀行の不良債権額が最大なのは2009年度である。

3．2010 〜 2015年度の間、いずれの年度も、国営銀行において、債権総額の対前年度増加率は、不良債権額の対前年度増加率を上回っている。

4．国営銀行と民間銀行とを合わせると、2012年度の不良債権額が債権総額に占める割合は、2011年度のそれを上回っている。

5．国営銀行と民間銀行とを合わせると、2012年度の不良債権額は、2013年度のそれを上回っている。

（国家一般職　基礎能力　資料解釈）

選択肢をまず見る **（順にはやらない。重要なポイント）**。

すべての年度計算することになる1、2、3は飛ばす。4と5を計算し正解は4。

問題集を解く場合も、まずは「解く順番」に気をつけるようにしよう。

■ 資料解釈は最後に残った時間で

時間さえあれば、確実に点が取れるこの科目を捨てるのは致命傷になるので、最低限『ザ・ベスト』には目を通しておくこと。

時間不足を防ぐために、本番ではこの分野は最後のほうに解答するようにしたい。早めに解ける一般知識から先にやり、

資料解釈にいかに時間を持ってこられるかというのが一つの勝負の分かれ目である。

『畑中敦子の資料解釈　ザ・ベスト』
（エクシア出版）のマスター。

「スー過去」を1日1問毎日解く。

○○○○受かる受験生のパターン○○○○

・資料解釈は自力で解く

・電卓は使わない

・『ザ・ベスト』は良書だ

・カンで選択肢を落とせる

××××落ちる受験生のパターン××××

・科目自体を捨てている

・資料解釈なんて本番の現場思考で何とかなると思っている

・肢1から順に計算する

・『天空』（164ページ）に悪戦苦闘している

畑中敦子の
資料解釈ザ・ベスト 2022

① これがザ・ベスト

畑中敦子著／定価1540円(税込)／2021年3月発行／エクシア出版

概要・特色▶過去問を講義形式で解説した問題集。2021年に改訂し問題をリニューアルした。2色刷り。計算省略のテクニックを多数掲載。

内容評価▶「時間さえあればだれでも解ける」が、「その時間がない」という矛盾を抱えた科目である資料解釈の、決定版ともいえる参考書だ。計算を大幅に省くテクニックを平易に解説している。バランスも適当で、**当書は絶対にこなす必要がある。**資料解釈で手こずったあげく他の科目の時間が足りなくなる人と、素早く正答を得られる人では、他教科の点数まで違ってきかねない。過去問をやるより、まずは当書でしっかりテクニックを学んでおこう。文句なく○だ。

上・中級公務員
資料解釈　天空の解法パラダイム

✕ 後発本により天空に放たれるか?

鈴木清士著／定価1760円(税込)／2001年12月発行／実務教育出版

概要・特色▶資料解釈制覇のための速習プログラム。「資料解釈編」「統計分析編」の2部構成。2色刷り。

内容評価▶説明が抽象的で、相当の気合を必要とする。**かつてはお勧めだったのだが、『畑中』という優れものが出た以上、気張って当書に取り組む必要はまったくない。**同じ対策をするなら楽な本のほうがお得というものだ。この本に限らないが、鈴木清士氏の本を使いこなす正しいスタンスは、「必要なところだけ読んで、そこだけはきっちりマスターする」という姿勢。『光速』も『必殺』も、飛ばし読みの技術が決め手となる。**そしてこの本は一冊まるごと飛ばしてよい。**

一般知識

受かる勉強法・参考書はこれだ!

どの科目にどれだけ力を入れ、
どの科目を捨てるのがベストかを詳解!

■知識の海・一般知識

　公務員試験の教養試験のうち、半分以上が一般知能である（14〜16ページ参照）。一般知能は今まで述べた方法で必ず得点できる。

　問題は知識の海、一般知識だ。

　例年の国家一般職の基礎能力合格ラインは、6割弱である。

　一般知能だけ準備して、そこで満点を取れば、残りはカンでマークしても何とかなりそうな点数だが、一般知能で予定外の点数を取ったらおしまいなので、そうは問屋が卸さない。

　一般知識も準備しておく必要がある。**具体的には13点中7点前後はもぎ取る必要がある。**

■一般知識の分類：科目の特徴

　一般知識は、

　社会科学系（政治・経済など）

　自然科学系（数学、物理、化学、生物、地学）

　人文科学系（歴史、地理、思想、文学・芸術など）

　の3つに分けられる。

　各科目から1問しか出ないので、いくら極めても1点分、かといって全部捨てれば破滅する。

　何をどの程度やっていいかわからないのが、この分野の特徴だ。公務員試験に尻込みする人が多いのも、ここが原因の一つになっているはずだ。

　だが、ちゃんと対策はある。やっても仕方ないどころか、仕方大ありだ！　以下、科目別に詳解する。

数学

☑基本的に高校2年までの範囲から出題

　出題範囲はほぼ高校2年までの数学。しかもものすごく基本的なことしか出題されない。

　理系、国立文系出身で共通テストの数学を受験したことがある人にとっては大カモの問題だ。

まず最新3年分の過去問を「過去問500」
（実務教育出版）などで見ていく。 1週間

取れそうだと思ったら
「スー過去」で解法を確認する。 2週間

　いずれにしろ、自力で解く必要はなく、眺める程度で十分。自力で解き直す必要もあまりない。カンを取り戻せばいいからだ。3日ぐらいで終わる。**それ以上対策しても"時間対効果"が低いので、それはすっぱりあきらめることが重要だ。**数列や微積分の対策は、さらに余裕がある人だけでいい。

☑これらの本は使えない

　『20日間で学ぶ物理・化学（数学）の基礎』は使えない（182ページ参照）。私立文系出身者はこれで理解しようと思っても無理だし、逆にある程度予備知識のある人は、直接過去問を見たほうが早い。

『新・光速マスター　自然科学』はさらに使えない（188ペー
ジ参照）。最初からわかっている人向けの知識の確認用の本で、
これで理解するのは無理である。

◻ 私立文系出身なら捨てる

　私立文系出身者で、**数学大嫌いという人は、本番では捨て
て問題も見なくてよい。**一から勉強するには時間がなさすぎ
る。ただし、経済の理解に影響が出るので、指数法則と３次
までの関数の微分はできるようにしておいたほうがいい。

物理

◻ 基本的には捨てる

　力学と電磁気が主要出題範囲。波動や原子が出ることもあ
る。他の理科の２倍ぐらい理解に時間がかかるだろう。理系
出身者以外は、素直に捨ててしまったほうが賢明である。公
務員試験対策本で理解しようというのは、無理だ。

◻ やはりこれらは使えない

　数学と同じ理由で「20日間で学ぶ」や「新・光速マスター」
はまったく使えないので気をつけよう。**公務員試験の頻出分
野と出され方だけ確認したら、大学受験用の本を使ったほう
が早い。**大学受験のほうが参考書研究でははるかに優れてお
り、読ませ方、頭に入ってくるスピードが違う。

なお、特別区を受験して物理を選択回答する人は、最低限「過去問ダイレクトナビ」（実務教育出版）を読んでおくこと。国家公務員総合職・一般職用の「スー過去」のほうは理系出身ならともかく、初心者が本番までに潰すのは無理。

■計算のいらない問題が増加傾向

　自然科学では、計算不要な問題が、国家一般職・地上をはじめ、国家総合職などでも増加傾向にある。そういう計算のいらない問題だけを、対策しておくのも一つの方法である。

化学

■理系には楽勝

　高校の化学のほとんどが出題範囲だが、国家一般職の場合PET、鉄鉱石など身近な物質が出ることが多い。

　理系出身者には楽勝問題なので、『岡野の化学が初歩からしっかり身につく【理論化学①】【無機化学＋有機化学①】』（180ページ参照）を読み、並行して「過去問ダイレクトナビ」で実物の問題を確認しておく程度で十分。

■文系は捨てる

　文系で化学をやったことがない人は、"時間対効果"がよくないので捨てる。無機・有機は暗記で片がつくので、手をつければ取れるが、その暗記量がけっこうあって、**中途半端**

な対策では勉強時間を取られたあげく、**本番で捨てるという最悪の事態に陥る**。まず専門や他教科を仕上げ、余裕があれば『初歩からしっかり』で過去問の出題部分を確認していこう。

◻ 導入は大学受験用の本で

言うまでもないが、この教科も大学受験用の理解本から手をつけるのが鉄則。『初歩からしっかり』を特に推薦する。最初から公務員受験本で理解するのは、まず無理である。

『岡野の化学が初歩からしっかり身につく』
（技術評論社）を読む。

『過去問ダイレクトナビ 物理・化学』(実務教育出版)をやる。
ほか、計算問題は解法を覚える。

それら2冊の反復。

生物

◻ 文系でも捨ててはいけない

ここからは文系受験者でも捨てられない。計算がなく、科目の底が浅いからだ。共通テストよりはるかに簡単な知識問題が出るので、絶対に捨てないように。

『一般知識　出るとこチェック　生物・地学』
（TAC出版）を軽く一読する。
理解できない部分は
『忘れてしまった高校の生物を復習する本』
（中経出版）で確認する。

▼

『過去問ダイレクトナビ 生物・地学』（実務教育出版）をやる。

▼

それら2冊の反復。

　という方法をとる。『一般知識　出るとこチェック』（181
ページ）は、薄いながらもよくまとまっているので、まずこ
れを使うが、特に遺伝をはじめとして、この本だけで理解す
るのはまず無理だ。そこで補助的に『忘れてしまった高校の
生物を復習する本』を参照する。思ったほど時間がかからな
い。あとは過去問に取り組んでいるうちに、自動的に理解が
深まる。わからないと思う前に問題をやる。何の教科でも当
てはまる原則だ。

■ 他の理解本は使えない

　他の大学受験、公務員受験本はすべて、理解させようとい
う気がないのでアウト。過去問は「過去問ダイレクトナビ」
でよい。「スー過去」などはそれが終わってからの話である。
『20日間で学ぶ生物・地学の基礎』（182ページ）は使えな
いとは言わないが、この本に出ているまとめだけで理解する
のは相当厳しい。使うとしたら問題集としてだ。また、模試

ではやたらと細かい事項が出題されることが多い。「捨て問」だ。どんどん飛ばしていこう。

■捨ててはいけない

地学は楽勝科目なので、**捨ててはダメである。**

ただし地方上級のほとんどでは出る問題数が他の自然科学科目に対して少ない。これらを受験する人は、生物や化学を捨ててまで地学をやるのは自殺行為になってしまうから注意しよう。

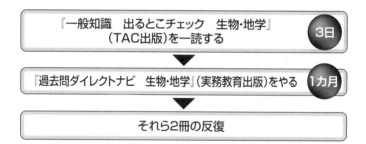

で準備完了だ。

■時間がない人はどうする

地学はただの暗記科目で、理解本を必要とする分野はあまりない。『20日間で学ぶ生物・地学の基礎』(182ページ)を使ってもいいが、もっとコンパクトにまとめてしまって「出ると

こチェック」で十分だ。あとは問題を通して理解していけばいい。

過去問は「過去問ダイレクトナビ」が最速。特に注意したいのは岩石や気象分野で、時間がない人はこれらの分野だけでも対策を取るようにしよう。

■自然科学の極意

自然科学一般に言えることだが、理解本はわかりやすいものを使うとして、あとはひたすら問題にあたることが重要になる。**わかる部分だけでも問題集を潰しておくことが重要だ。**そしてまったくわからない単元は出ないと思って捨てる。メリハリをつけた勉強が重要になってくる。

日本史

■社会は楽勝科目だ

社会は自然科学より対策がしやすい。文系理系、あるいはやったことがあるなしにかかわらず、絶対対策すべきだ。

また、ある程度知識を寝かせたほうが得点になりやすい分野なので**早めに勉強をスタートさせよう。**具体的には時間があるときに集中して1週間以内に一通り終わらせてしまうのが望ましい。

なお、世界史と地理は他の科目とかぶる部分が多いので、捨ててはいけない。**捨てるとしたら日本史だけだ。**

■日本史の勉強はこうやる

　日本史の勉強としては、大学受験でやったことのある人は教科書を太字だけ一読しておくといい。まったくやったことがない人はそれも敷居が高いので、以下のような方法をとる。

> 『マンガ 日本の歴史がわかる本』(三笠書房)を一読する。

▼

> 「過去問ダイレクトナビ」(実務教育出版)で
> 過去問を確認しながら、
> 「出るとこチェック」(TAC出版)を読んでいく。
> 『一問一答スピード攻略　人文科学』(実務教育出版)を
> 正文化し、スキマ時間に繰り返し、直前期まで読む。

▼

> 以上を読み直す。

■まずはマンガから

　まずはマンガから入る。一読したら、過去問を読んで、どこがどういう深さで出たのかを知る。**過去問で出た知識がそのまま出ることも多々あるので、過去問の知識は重要である。**

■要約されすぎたまとめはかえって覚えにくい

　公務員試験用のまとめ本は「20日間で学ぶ」『新・光速マスター　人文科学』(188ページ)「Vテキスト」(243ページ)など多々あるが、分量からいって「出るとこチェック」が最適である。これでも、知らない人が知らない事件を起こして知らない結果になったということになりやすく、因果関係な

どは大学受験用の本で調べておくとベストだ。

■まずは江戸と明治を攻略しよう

　やればわかるが、誤答選択肢は全然関係ない時代の用語が並んでいることが多い。何時代なのかは常に意識しよう。

　また、縄文時代から勉強してはいけない。頻出分野は江戸時代と明治時代なので、まずここから仕上げよう。時代順にやる必要はなく、江戸時代から始めて現代までいき、余裕があれば**室町以前に戻る。時間のない人は江戸より前は捨ててもいい。**また、戦後史は盲点になりやすいが、地上を中心に出題されることがありうるので、一応目は通しておくこと。

　なお、年号の違いだけで引っかけるということはまずなく、**年号を覚える必要はない。**

世界史

■まともにやると身の破滅

　まともにやっているときりがないので、勉強対象を絞る。ヨーロッパ（中世以降）、アメリカ、中国、あとは近現代史に絞り、**ギリシャやイスラムなどは出ないと判断したら捨てる。**

『マンガ 世界の歴史がわかる本』(三笠書房)を一読する。 1週間

「過去問ダイレクトナビ」(実務教育出版)で
過去問を確認しながら、
「出るとこチェック」(TAC出版)を読んでいく。 1カ月
『一問一答スピード攻略 人文科学』(実務教育出版)を
正文化し、スキマ時間に繰り返し、直前期まで読む。

以上を読み直す。

という方法で十分。

■細かい事項にはこだわるな

　平成24年度の国家一般職で世界史は2問出題されたことがある。地方上級でも出題が多い傾向があり、「捨てるな」とのメッセージだと考えられる。とはいえ、大学受験と一緒で、社会オタクは落ちる。広く浅くやってあれば十分で、過去問程度の知識を肉付けしてあればいい。たいてい、誤答選択肢は人物や国を入れ替えてある。そのあたりで引っ掛けるのだな、ということが過去問からわかってくるので、文字だけの本にこだわらず、過去問に早めに取り掛かろう。余裕があれば、大学受験用の本で因果関係を見ておくとなおいい。ただし、こういう本を頑張って通読しようとしないように。

■歴史はスピードが重要

　日本史・世界史とも、最初のステップを1週間以内で一気

にやることがきわめて重要になる。ちんたらやっていると永久に頭に入らないので、いい加減でいいから一通りざーっとやってしまい、全体を見通すことが必要である。

地理

出るのは気候と産業中心

予備知識は不要。いきなり過去問から入って大丈夫だ。

「過去問ダイレクトナビ」（実務教育出版）を読む。 2週間

「一般知識　出るとこチェック」（TAC出版）で補強しておく。 1カ月

以上を読み直す。

地理は底が浅い

科目の底が浅いので、捨てない以上は正解したい。「過去問ダイレクトナビ」の知識で十分取れるので、これの理解を目標にする。また、**時事で話題になっている国の出題が多い**ので、そういう国は場所だけでも地図帳で確認しておくこと。さらに気候区分（特に地中海性）は絶対に覚えておいたほうがいい。

思想・文学・芸術

■ただのクイズ分野

　要するにキーワード当てクイズで、どの人物が何の思想（作品）を作り上げたか、ということさえ押さえておけばいいのだが、いかんせんその数が多すぎる。

　思想は高校の倫理と同じような内容なので『蔭山の共通テスト　倫理』（学研プラス）で、公務員試験に出されそうな学者について読んでいってもいいが、美術は高校では扱わない。そこで本番3週間ぐらい前から『新・光速マスター　人文科学』（188ページ）の該当部分を丸暗記する。特に覚えようともせず、軽い気持ちで5回以上通読しておこう。この作業はやって損はない。要するにクイズなので、まったく捨てるのは得策ではない。

　過去問は出題の形式と深さを知る程度しか参考にならない。

> 『新・光速マスター　人文科学』の
> 思想・文学・芸術分野のみ
> 5回読む（他の対策は不要）
> 3週間

政治・経済

■独自の対策は必要ない

　憲法、政治学、国際関係、経済理論、社会学などから広く

浅く構成される。専門とかぶる部分が多い。ここで 1 点を精密に取りに行くのは効率が悪く、独自の対策はしなくてよい。過去問だけやっておけば、専門の勉強で代用可能である。ただし、経済や時事については十分注意を払っておこう。

　余裕があれば、大学受験用の『蔭山の共通テスト現代社会』（学研プラス）を読んでおくと、さらにパワーアップが見込める。なお、過去問は「過去問ダイレクトナビ」をきちんと読んでおこう。

○○○○受かる受験生のパターン○○○○

・生物・地学は楽勝科目だ
・歴史はマンガを早めに読み始める
・思想はキーワードを覚えればいいと割り切る
・過去問集は「過去問ダイレクトナビ」だ

××××落ちる受験生のパターン××××

・自然科学を最初から全部捨てる
・歴史に深入りする
・「新・光速マスター」でごまかせると思っている
・日本史・世界史の両方を捨てる

人気の講義
岡野の化学が初歩からしっかり身につく
【理論化学①】【無機化学＋有機化学①】新課程対応

◯ 過去問とのセットで 化学対策は万全

岡野雅司著／定価各1188円(税込)／2013年4～6月発行／技術評論社

概要・特色▶著者は河合塾講師。講義録形式でレイアウトも工夫されている。2色刷り、イラスト・図多数、コラム入り。

内容評価▶公務員試験受験者に自信をもってお勧めできる大学受験用参考書である。**へたな公務員試験用の「まとめ本」を見ているヒマがあったら、この本を読むべきだ。**理解させようという姿勢で書かれているので、公務員用のものより、はるかにわかりやすい。

　これは他の科目に関しても言えることだが、練習問題はいちいち自分で解いてみる必要などはない。軽く読んで理解の補助にするだけで十分。あとは過去問を見ておけば対策はおしまいだ。過去問は「過去問ダイレクトナビ」が見やすくて学習しやすい。

　繰り返しになるが、**読む前に過去問を見ておくことは非常に重要だ。**公務員試験では計算問題が出るにしてもたかが知れているし、計算がいらない問題も多々ある。この本の中の読まなくていい問題（公務員レベルを逸脱した問題）をカットするためにも、何もわかっていない状態でもまず過去問を見ておくことだ。チェックポイントは、計算がいるかどうか。いる場合は簡単な計算ですむかどうかという点だ。目安は計算の行数が1～2行。それ以上にわたる問題は全部飛ばしていい。無機・有機化学も、細かい物質の性質には気を取られずに、身近な生活とのかかわりを中心に（たとえばアセチルサリチル酸が解熱剤として使われるなど）、ざっと見ておくだけでよい。それだけで十分得点源にできるはずだ。なお、本シリーズ3冊目の【理論化学②＋有機化学②】は公務員試験対策としては読む必要はまったくない。

一般知識　出るとこチェック
生物・地学【第4版】

楽勝科目は薄い本で

麻生塾編著／定価1100円(税込)／2019年2月発行／TAC出版

概要・特色▶頻出分野に絞って公務員予備校講師が出題ポイントを解説。2色刷り。語呂合わせが載っているのが特徴。

内容評価▶生物・地学は楽勝科目だ。数学・理科が全くダメな人でも絶対に捨ててはいけない。この本は語呂合わせを交え、出るところを極力やさしい言葉で解説してあり、覚えこむのに適切な分量であり、お勧めだ。これを読みながら、「過去問ダイレクトナビ」を読んでいけば、かなりのスピードで知識の定着が図れる。

　なお、読んでも意味不明なところは、大学受験用の本を時間を惜しまず使うことが、一般知識で点数を取る秘訣なので、注意しよう。

一般知識　出るとこチェック
地理【第4版】

これと過去問で必要十分

麻生塾編著／定価1100円(税込)／2019年2月発行／TAC出版

概要・特色▶頻出分野に絞って公務員予備校講師が出題ポイントを解説。2色刷り。語呂合わせが「生物・地学」より多い。

内容評価▶地理も楽勝科目で、勉強しないのはもったいないといえる。まとめ本として、薄い本を頭に入れておけば十分だ。中でもこの本は、同じシリーズの「生物・地学」より語呂合わせが多数出ているぶん、頭に入りやすい。丸暗記に適した構成だと言える。

　語呂合わせのいいところは、何個か見ているうちに作り方がわかり、他教科でも自作の語呂が応用できる点だ。**他教科の暗記事項でも、どんどん語呂を作っていこう。**

上・中級公務員試験【改訂版】
20日間で学ぶ生物・地学の基礎
✕ 前時代の遺物

資格試験研究会編／定価1430円（税込）／2006年3月発行／実務教育出版

概要・特色▶参考書と過去問の合体本。解説→「理解度チェック」（小問）→
過去問5問程度が20セットという構成。

内容評価▶暗記事項と過去問を並べた本。ふた昔ぐらい前は、問題を中心
によく整理され、レイアウト的にもすぐれていた本だが、**現在は問題も解
説も中途半端になっており、使いどころがなくなっている。**一般知識でも
専門でも、前時代の遺物になったといえる。もっと新しい問題が収録され、
解説がシャープな本がいくらでもある。もはや使う場面はない。特に一般
知識の自然科学の場合、当書で理解し、確実に1点を取りに行くのは相当
な苦行である。お勧めできない。

公務員試験
速攻の自然科学
✕ 速いが攻撃になっていない

資格試験研究会編／定価1320円（税込）／2021年2月発行／実務教育出版

概要・特色▶自然科学の頻出10分野に絞り、ポイントの解説と、1ジャンル
10個程度の例題でまとめる。図やグラフは少ない。2色刷り。

内容評価▶自然科学を捨てそうになっている人に、最低限これだけはやっ
ておけというガイドラインを示した一冊。自然科学5科目をわずか10ジャ
ンルに分類した大胆な編集だ。ページ数も薄く、気軽に読める。

　だが、勧められる出来とはとうてい言えない。ポイントの解説が簡潔す
ぎて理解不能だし、**ジャンルの絞りすぎで、この本から出題される可能性
がそれほど高くない。**「やってもあまり出ない」のは、教材としては致命
的欠陥だ。**「速攻」だが、攻撃になっていない、残念な一冊だ。**

マンガ世界の歴史がわかる本

マンガで歴史の導入を

綿引弘監修／ほしのちあき、小杉あきら画／定価748円（税込）／
2015年12月発行／三笠書房

概要・特色▶世界史の概要をマンガで概観する。全3巻。

内容評価▶歴史は文字ばかりの本より、視覚的に入れたほうが頭に残る科目だ。そこで当書を推薦する。普通にマンガとして読めるレベルの絵だ。勉強の合間にでも、すらすら読める。さらに大部なものには『漫画版　世界の歴史』（集英社文庫）があるが、これは10巻もあって、さすがに読みきれる分量とはいえない。

　いずれにしろ、**字ばかりの本をだらだら読んでいるよりは、マンガのほうがはるかに頭に残る**。特に初心者には推薦したい。頭の中に歴史の枠ができる。その枠があったほうが、知識の肉付けがはるかにしやすく、歴史を短時間で詰め込むことが可能になるのだ。もちろん字で書いた本での強化は必要になるが、最初からそういう本で勉強するよりはるかに効率的だ。受験勉強のスタートにでも、一読しておくことを強く勧める。

　同じ出版社から日本史のマンガも出ており、これもお勧めである。歴史マンガは大学受験向きに、極端に字が多い本（山川出版社の『マンガ日本史教科書』など）や、量が多すぎる本（小中学生向きに多数）が多い。このシリーズは分量、絵の質ともバランスが取れている。歴史の導入として、字の本を読む前にぜひ一読してほしい。歴史は「知らない人が知らない事件を起こした」という勉強になりやすい。少しでも頭の中にイメージがあると、かなり違うはずである。

　この本で歴史の全体の流れをつかんだら、『ダイレクトナビ』等で過去問知識を押さえていこう。

一問一答スピード攻略
社会科学　人文科学 (全2冊)

⭕ 10日でわかるクイックマスターの代用本

資格試験研究会編／定価1430円(税込)／2020年4月〜9月発行／実務教育出版

概要・特色▶分野ごとに要点チェックの後に過去問の選択肢を掲載。2色刷り。

内容評価▶本書では以前、LECの『10日でわかるクイックマスター人文科学』を○と評価してきた。『10日でわかる〜』は2012年に発売後改訂されておらず絶版となったが、ついに上位互換となる本が実務教育出版から発売となった。過去20年に出題された過去問の肢を掲載しており、「スー過去」同様の問題選定の良さが光る。

「スピード攻略」という書名にはなっているが、『10日でわかる』と同様、スピード攻略はできない。学習初期段階から正文化し、試験直前まで繰り返し隙間時間等に読み込もう。

これだけ!
教養試験要点まとめ&一問一答
【2023年度版】

❌ 全部詰め込みすぎて中途半端

上野法律セミナー著／定価1210円(税込)／2021年3月発行／高橋書店

概要・特色▶教養試験科目全体につき1テーマ原則2ページで掲載。テーマごとにCHECK問題を掲載。2色刷り。

内容評価▶教養試験全体をまとめてあり、試験直前に見返すテキストであるという主旨であると思われる。しかし、まとめ部分に関しては『出るとこチェック』、CHECK問題に関しては過去問の選択肢そのものを使用している『一問一答スピード攻略』に質・量ともに劣る。実力チェック問題に関してもまずは過去問を優先すべきであり、オリジナル問題に手を出す必要はない。中途半端な出来といえる。

イッキに攻略!
公務員試験一般知識[一問一答]
【2023年度版】
✕ コラムは読む価値あり

公務員試験予備校EYE編著／定価1100円(税込)／2021年3月発行／高橋書店

概要・特色▶一般知識のまとめ本。２色刷、右ページに一問一答を配置。

内容評価▶公務員試験予備校ＥＹＥが2020年から出版したまとめ本。前掲上野法律セミナーの一問一答（以下上野本）と同じ高橋書店であり、書籍のコンセプトが被っていて存在意義がイマイチ不明な本である。上野本に比べると３分の２ほどの薄さであり、『まるパス』の一般知識版を目指しているのかもしれない。が、評価は✕だ。掲載情報の選定は評価するが、右ページの一問一答は過去問を使用していない点で上野本と同じく質・量ともに『一問一答スピード攻略』に劣る。２本あるコラムは読む価値があるが、そのために買う必要はない。

上・中級級公務員試験
一般知識　まるごとチェック!
【改訂版】
✕ まるごと落としかねない

資格試験研究会編／定価1320円(税込)／2011年12月発行／実務教育出版

概要・特色▶一般知識分野全科目を新書版サイズでコンパクトにまとめる。１ページ１テーマで解説。２色刷り。

内容評価▶一般知識全分野を一冊にコンパクトにまとめた本。薄さでわかるように、各項目のまとめはきわめて貧弱かつ不親切で、とうてい使える代物とはいえない。この本の解説で何かを理解しようというのは、はっきり言って無理である。１テーマを１ページにつめこみ、無理やりまとめたため、何を言っているのかわからないような記述のオンパレードだ。取る科目と捨てる科目のメリハリを付け、もっと詳しい本で勉強しないと、一般知識をまるごと落としかねない。

一般知識　まるごとクエスチョン
【改訂版】

この本自体がクエスチョン

資格試験研究会編／定価1320円（税込）／2004年2月発行／実務教育出版

概要・特色▶「まるごとチェック」の姉妹書。一問一答形式で一般知識全教科を扱う。1ページ1テーマ。2色刷り。

内容評価▶一般知識全教科を、何か一冊でお手軽に勉強しようというのは無理だ。無理なことをやろうとするから、見るも無残な出来になってしまっている。**数学や物理は答だけで、一切解き方が書いていない。**薄く仕上げているが、理解するために調べたりする時間を考えると、他の本で勉強したほうが早い。他教科も何の解説もなく一問一答の問題が載っているだけで、ひどい本だ。まったく点数になることもなく、かえって謎が深まるばかりで、受験生をいたずらに不安に追い込む。

公務員試験
速攻の時事
令和3年度試験完全対応

「隠れ主要科目」攻略に絶対に必要

資格試験研究会編／定価1100円（税込）／2021年2月発行／実務教育出版

概要・特色▶180ページたらずのハンディな1冊。全12章、120項目の時事テーマを挙げて「出題可能性」を明示し、解説している。

内容評価▶時事は「隠れ主要科目」といってよい。1教科と考え、単独で対策しないと各教科で痛い目に合う。当書は、時事問題の原点である白書や統計を試験に出る形でまとめている、非常に優れた本だ。**直前にちょこっと読むだけでは心もとない。年度版なので、出たら買ってすぐに通読し、**その後は「出る文」という、各ポイントを選択肢正文形式にまとめた文をしっかり何度も読もう。**「出題可能性」は気にしないように。**何が出てもおかしくないので、すべてをきっちり読んでおくことが必要になる。

公務員試験
速攻の時事 実戦トレーニング編
令和３年度試験完全対応

① 時事を得点化するのにお勧めの一書

資格試験研究会編／定価990円(税込)／2021年2月発行／実務教育出版

概要・特色▶『速攻の時事』と同じ章立てで各種公務員試験の問題を大量に掲載。「過去問研究」「暗記お助け」「問題演習」の３部構成。

内容評価▶『速攻の時事』の問題演習版。時事は教養や専門のあらゆる科目に登場する要素。**その上、知っているか知らないかだけで差がついてしまう怖い分野でもある。**『速攻の時事』は直前に読み流して終わりではなく、２冊セットの本だと思い、早めにこなそう。当書は時事を点数化するのに、非常に役に立つ。問題は解かずに最初から答えを見て、能率よく仕上げよう。**時事をナメていると、本番で痛い目にあう。**要注意だ。

公務員試験
時事問題総まとめ＆総チェック
2022年度採用版

① 逆転もありえるか?

TAC公務員講座編／定価1100円(税込)／2021年1月発行／TAC出版

概要・特色▶TACによる時事解説本。ジャンル別に時事を配列、解説している。テーマごとに問題あり。２色刷り。直前にTACのWebサイトでフォローできるサービスが売り。

内容評価▶『速攻の時事』が一人勝ちの時事業界に、TACが宣戦布告した。新兵器を投入である。**当書は、ほぼ『速攻の時事』に対抗できる仕上がりになっている。**見開きに時事がテーマ別に解説されており、重要なポイントは赤字にしてある構成。一部問題もついている。『速攻の時事』との併用もアリである。毎年、TACの時事本には掲載されているが、『速攻の時事』には掲載されていないテーマの出題がある。

上・中級公務員試験
新・光速マスター　人文科学【改訂版】
思想、文学、芸術に限り使える

資格試験研究会編／定価1320円（税込）／2017年12月発行／実務教育出版

概要・特色▶全科目を「社会科学」「人文科学」「自然科学」の３冊に広く浅くまとめたシリーズ。「人文科学」の巻は日本史・世界史・地理・思想・文学・芸術をカバーする。２色刷り、付録として暗記用のフィルムシートつき。

内容評価▶「まとめ集」のようなものを最初から覚える勉強法は効率が悪い。例外は行政系科目の『まるごとパスワードneo2』（240ページ）とこの本ぐらいだ。ただし使えるのは思想・文学・芸術の60ページあまりのみ。教養の思想分野は**本当に人物とキーワードを丸暗記すれば足りるのでこの本でよいが、歴史・地理は理解せずに暗記しようとするとかえって効率が落ちる。**同シリーズの自然科学と社会科学も×だ（下欄参照）。

上・中級公務員試験
新・光速マスター　自然科学／社会科学【改訂版】
面白いほどわからない

資格試験研究会編／定価各1320円（税込）／2017年12月発行／実務教育出版

概要・特色▶広く浅く重要事項を網羅した「まとめ」集。テーマごとに試験別の出題率が明示され、１問１答式の「50問スコアアタック」で仕上げる。２色刷り、付録として暗記用のフィルムシートつき。

内容評価▶愛用者も多いようだが、自然科学と社会科学の巻はまったく勧められない。あまりに要約されすぎていて、全然理解できないからだ。となれば丸暗記するしかないが、問題数も少ないこの本では無理な話。

　自然科学や社会科学をこのシリーズでなんとかするのは、超人でもない限り、絶対に無理だ。社会科学は、理解して点数を稼ぐためには、大学受験用の本を勧める。

jijiたんの勉強法コラム③

メモリーツリーを描いてみるべし

　私が公認会計士試験や司法試験などの難関試験に短期で合格すること
ができたことの大きな要因として「**メモリーツリー**」という勉強法があ
ります。実物を見たほうがわかりやすいと思いますので、次ページにサ
ンプルを掲載しました。

　小さくて見えにくいかとは思いますが、メモリーツリーとは、紙の中
心にテーマを書き、そこから外（枝葉）に向かって知識を階層化して配
置していくノートの取り方です。テキストの章などのまとまりを1枚に
して、階層を意識してまとめていく方法ですので、勉強で重要な「**全体
理解**」と「**階層理解**」を同時に達成することができる方法です。大げさ
だと思われるかもしれませんが、私はメモリーツリーに出会って人生が
変わりました。会計士試験の苦手科目をメモリーツリー化したことで得
意科目に変わりました。また「この方法を使えばどんな試験も乗り越え
られるはずだ！」と考え、司法試験の全科目全範囲をメモリーツリー化
したことで、司法試験にも合格することができました。

　メモリーツリーという名前からして暗記のツールだと思われがちです
が、実は一度メモリーツリーを作ったからといって暗記ができるわけで
はありません。メモリーツリーは、何度も何度も見返して、どこにどの
ような論点があったのかを思い出し、各論点のつながりを意識すること
で記憶に残りやすくするツールです。

　メモリーツリーは慣れている私でも1枚3時間程度かかるので相当な
時間を要します。また、正直向き不向きがあるので誰もが取り入れられ
る方法ではありません。ただ、苦手な分野だけでもまとめるなどしてみ
るとその効果に驚かれると思います。一度試してみる価値はある勉強法
です。

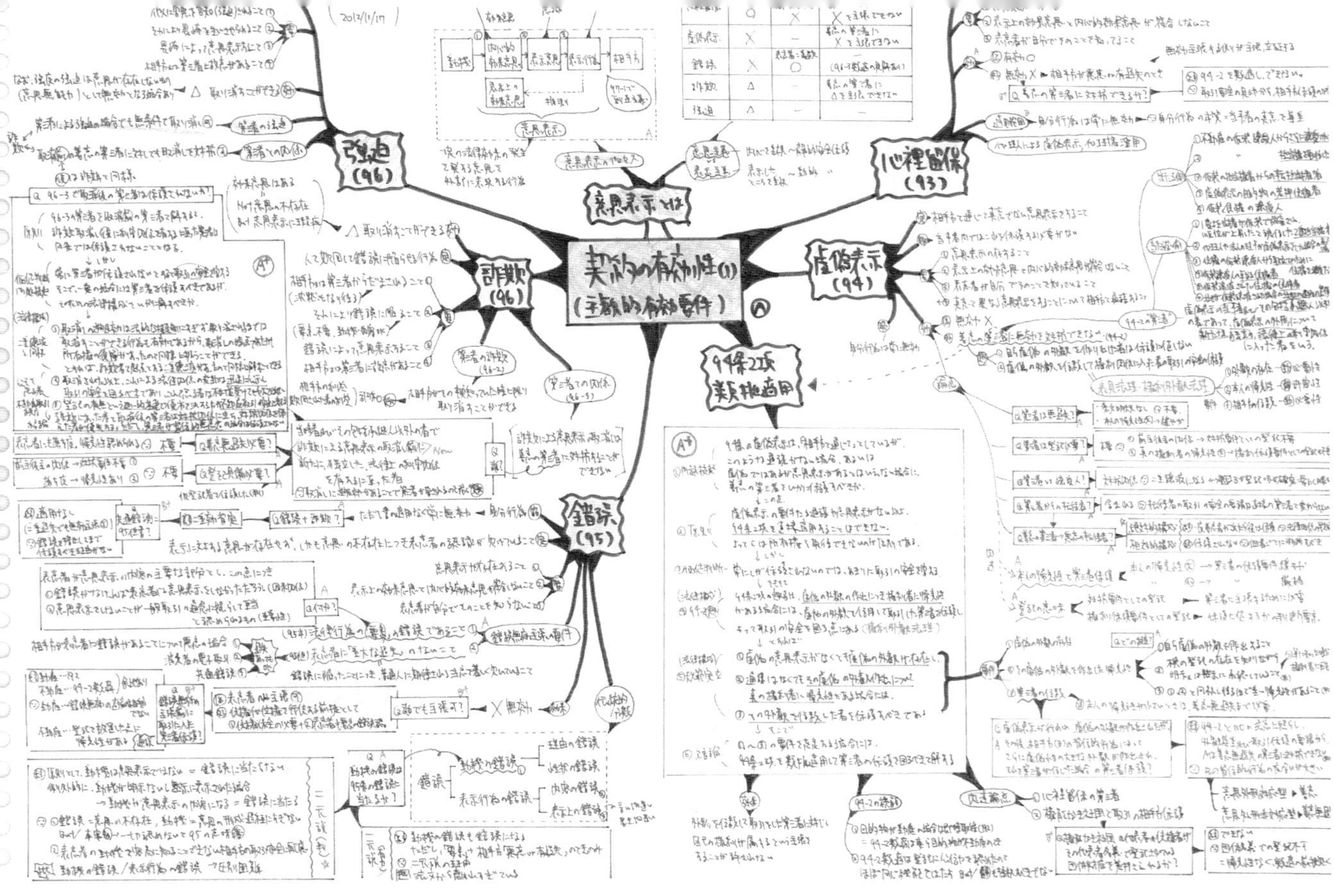

2013/11/17
契約の有効性(1)
(主観的有効要件)
意思表示とは
心裡留保
(93)
虚偽表示
(94)
94条2項
類推適用
錯誤
(95)
詐欺
(96)
強迫
(96)

第 **3** 部

合格ラインに
もっとも速くゴールする方法②

科目別「最速受験術」
専門試験

的確な「見切り」が
できない受験生は落ちる!

国家一般職は専門と教養（基礎能力）の配点比率が2：1である。

専門を大幅に重視しているということだ。

専門に苦手科目があれば、それだけで危ない。

そして**専門科目は、民法や経済など時間がすごくかかる科目、憲法など努力が素直に実力として反映される科目、政治学など短期完成が可能な科目といった、科目ごとの特性がある。**

それを理解していない受験生が、無駄な時間配分、無駄な勉強をして、落ちるのだ。

特に専門は、教養以上に科目間の所要時間の違いの理解と、ある種の「見切り」が必要になる。

この第3部では、公務員受験の核となる専門科目の特徴を分析し、それぞれの科目について、最速で合格ラインにたどりつく方法を解析する。

なお、「論文・面接試験」の対策もこの第3部で紹介する。

法律系科目

受かる勉強法・参考書はこれだ!

科目間の時間配分が
勝負の分かれ目だ!

憲法

▷ 法律学習はまず憲法から

　どの公務員試験でも出題され、しかもやさしい。なぜかといえば、条文の数が少ない、出題範囲が広くない、用語や概念の理解もやさしい科目だからだ。1ミス程度に抑えたい科目といえる。また、**憲法をやらないと他の法律科目の理解は絶望的**なので、まず憲法から始めること。

▷ 法律科目もメインは暗記

　法律科目は、暗記ではなく理解とセンスというのは大嘘だ。公務員試験で出題される問題のほとんどが、最高裁の判例もしくは法律の条文を基に出題されており、「**こういう場合は、こういう結論**」というのを一つずつ覚えていけば、**十分合格点を取ることができる**。

　というわけで、法学部出身の人など基本的なことがわかっている人は、いきなり過去問から始める。

▷ 憲法はいきなり過去問から始めていい

　法律系の知識がない人は下地作り（基礎的な概念の理解）をやる必要があるが、それは民法などの難解な科目の場合で、**憲法はいきなり問題から始めてしまっていい。入門書も不要**である。

▷ 基本書は読むな!

　まして学術的な基本書は一切必要ない。基本書は確かに内容が詳しく、細かなところまで載っているが、試験勉強には不必要な記述も多く、表現方法も難しいのでまったく勉強がはかどらない。いったい何を言っているのか不明なものも多い。専門試験に記述がある場合以外は必要ない。

『スピード解説』(実務教育出版)か『過去問トレーニング 伊藤塾のこれで完成! 憲法』(KADOKAWA)を読む。

▼

「スー過去」も正文集に加工して読み込む。 旧国I・国家総合職の問題は飛ばしてよい。

▼

わからないところは『よくわかる憲法』(自由国民社)か 『「憲法」の点数が面白いほどとれる本』(KADOKAWA)を参照する。

▼

正文集の読み返し。

▷ 具体的な過去問の取り組み方

　繰り返しになるが、過去問の取り組み方としては、自力で解かずに正しい選択肢には○をつけ、誤答選択肢はなぜ×なのかを理解した上で、**正文に書き直してそれを教科書だと思って読み込む**ということにつきる。憲法の場合、似たような問題が繰り返し出ていることが圧倒的に多く、それがそのまま重要度を示すので、重点的に覚えよう。余裕があれば国家総合職の問題まで手をつけてもよい。

▷ 法律系科目は問題量で勝負

　法律系科目すべてに言えることだが、マスターした問題量がそのまま実力に比例するので、時間内で可能な限りたくさんの問題を淡々と潰しておくことがきわめて大切だ。ただし、民法はそれをやろうとすると、量が多すぎて破滅するのでくれぐれも注意したい。**量が適当で、努力がストレートに反映されるのは憲法と行政法**で、ここで点数を稼ごう。

　六法は辞書として『公務員試験六法』（三省堂）を持っていたほうがいいが、本当に辞書として使えば十分で、**過去問や模試に出てこない条文を覚える必要はない。**

　判例は問題集に出てきたものを覚えておけば十分。一応まとめとして『ココで差がつく！必修判例』（221ページ）を眺めておこう。**要は過去問の条件反射マシーンになればいいの**だ。問題数の目安は200問。これについて正誤をパッと判断できるようになれば合格レベルだ。

▷ 憲法：その他の本

　参照して理解するため「理解本」としては、ほかにも多数候補があるが、まず司法試験関係のものは、難しすぎるので公務員試験には使えない。

　また、問題が中心になっていないものや、説明がわかりにくいものもダメで、『よくわかる憲法』（213ページ）か『「憲法」の点数が面白いほどとれる本』（219ページ）を使うのが楽だ。理解本もボリュームのあるものは不要。いずれにしろ、あくまで問題集を勉強の中心にすること。**絶対にこういう文章中**

心の本を勉強の主体にしないように。

「スピード解説」と「これで完成！　憲法」は両方やる必要はなく、どちらかをやったら「スー過去」に移ってよい。

『法律5科目　まるごとエッセンス』（215ページ）は、専門試験には対応できない。

▷ 実際の出題例

　表現の自由に関する次の記述のうち、判例に照らし、妥当なのはどれか。

1．公立図書館の職員である公務員が、閲覧に供されている図書の廃棄について、著作者又は著作物に対する独断的な評価や個人的な好みによって不公正な取扱いをすることは、当該図書の著作者が著作物によってその思想、意見等を公衆に伝達する利益を侵害するものであるが、当該利益は法的保護に値する人格的利益とまではいえず、国家賠償法上違法とはならない。
2．報道のための取材の自由は、憲法第21条の精神に照らし、十分尊重に値するが、公正な裁判の実現のためにある程度の制約を受けることとなってもやむを得ないものであり、その趣旨からすると、検察官又は警察官による報道機関の取材ビデオテープの差押え・押収についても、公正な刑事裁判を実現するために不可欠である適正迅速な捜査の遂行という要請がある場合には認められる。

3．道路における集団行進等を規制する市の条例が定める「交通秩序を維持すること」という規定は、通常の判断能力を有する一般人の理解において、具体的場合に当該行為がその適用を受けるものかどうかの判断を可能ならしめる基準が読み取れず、抽象的で立法措置として著しく妥当を欠くものであるから、憲法第31条に違反する。

4．検閲とは、公権力が主体となって、思想内容等の表現物を対象とし、その全部又は一部の発表の禁止を目的として、対象とされる一定の表現物につき網羅的一般的に、発表前にその内容を審査した上、不適当と認めるものの発表を禁止することであるから、道知事選挙への立候補予定者を攻撃する目的の記事が掲載された雑誌の印刷、販売等の事前差止めを命じた裁判所の仮処分は、検閲に当たり、違憲である。

5．名誉毀損罪における公共の利害に関する場合の特例を定める刑法第230条の2の規定は、人格権としての個人の名誉の保護と憲法が保障する正当な言論の保障との調和を図るものであるが、行為者が摘示した事実につき真実であることの証明がなければ、行為者がその事実を真実であると誤信し、その誤信したことについて、確実な資料、根拠に照らし相当の理由があるとしても、犯罪の故意が認められ、同罪が成立する。

（令和3年　国家一般職　専門［行政］憲法）

1 「人格的利益とまではいえず」が×。

2 正しい。

3 「31条に違反する」が×。

4 「公権力が主体となって」が×。

5 「犯罪の故意が認められ、同罪が成立する」が×。

5がやや迷ったかもしれないが、全て判例の肢であるため、正答率は高いと思われる。公務員試験はこのような正答率が高い問題をいかに落とさないかが重要である。

▶▶▶**コラム**◀◀◀ **最高裁が違憲と判断した例**

　最高裁が違憲と判断する例はめったになく、以下を覚えておけば、それ以外で「違憲」というものは誤答選択肢の可能性が非常に高い。

・第三者所有物没収事件（最大判昭和37年11月28日）
・尊属殺重罰規定違憲判決（最大判昭和48年4月4日）
・薬事法距離違憲判決（最大判昭和50年4月30日）
・議員定数不均衡（最大判昭和51年4月14日、最大判昭和60年7月17日）
・森林法共有林事件（最大判昭和62年4月22日）
・愛媛玉串料訴訟違憲判決（最大判平成9年4月2日）
・郵便法違憲判決（最大判平成14年9月11日）
・在外国民選挙権事件（最大判平成17年9月14日）
・国籍法違憲判決（最大判平成20年6月4日）
・砂川政教分離訴訟（最大判平成22年1月20日）
・非嫡出子の法定相続分規定（最大決平成25年9月4日）
・女性の再婚禁止期間規定（最大判平成27年12月16日）
・孔子廟訴訟（最大判令和3年2月24日）

民法

▷民法の注意点─ここをわかっていないと落ちる

　量が多く、用語もわかりにくい。受験生泣かせの科目。苦手な人、捨てている人が多いと思う。

　だが、地上で4問以上出る上、国家一般職でも民法から逃げる選択は相当難しい。**かといって、深入りしても必要知識量が多すぎて自爆する。**

　時間がない人向きの攻略法を紹介しよう。なんとか6〜7割は取ることを目標とした戦略である。

『最初でつまずかない』と『スピード解説』(ともに実務教育出版)を読む。	3週間
▼	
引き続き『スピード解説』を読む。	1カ月
▼	
問題の読み直しと「スー過去」での補強。	

▷民法は深入り禁物!

　『スピード解説』(34ページ)は、レジュメ部分はあまり深入りしなくてよい。とにかく、問題に出ている知識だけを淡々とマスターしていく。深入りすると、他の科目の5倍ぐらい時間がかかるので、この本に出ていない知識は捨てるという意識でいったほうが無難である。

▷ 民法を少しでも理解するには

民法の理解本も多々あるが、司法試験用のものは範囲が拡散しすぎていて全部ダメ。実務教育出版の『最初でつまずかない民法』(218ページ) を勧める。この本も、気楽に寝転がって読む程度で十分。勉強の主力は『スピード解説』の読み込みに当てる。これ以上やっても"時間対効果"はきわめてよくないので、深入りは避けたほうがいい。「スー過去」には深入りしないようにしたい。過去問の論点がだいたい押さえられていれば、十分合格レベルだ。

▷ 基本書や判例集はいらない

憲法と同様、基本書、判例集は不要である。特に民法の基本書は難解な上、量も多く、間違っても読もうとしてはならない。判例も問題集に出てきた事項で十分だ。

▷ 具体的なイメージを持とう

とにかく問題を通じて、具体的なイメージを持つことが必要である。契約、代理人、権利能力、所有権など特有な用語があるが、**全部身近な人物に置き換えて考える**ようにすると少しはわかりやすくなる。事例中心で進めよう。

▷ 最初に手をつける

いずれにしても、民法は理解にも記憶にも時間がかかる。公務員試験のヤマともいうべき科目である。専門科目の勉強はまず民法から始める。極端なことを言えば、最初のうちは

民法と経済と数的推理・判断推理だけをやっていてもいいぐらいだ。

そして、概説書や事項のまとめはいくら読んでも頭に入りにくいので、必ず問題を通して理解していこう。

▷スリム化する

範囲が膨大な科目は、自分でスリム化する必要がある。**過去問で出ていない部分は捨てる**。過去問も厳選して、自分でやるもの以外はとりあえず気にしないという方向性が必要になる。出るところだけを潰していくという謙虚な姿勢で、たんたんと勉強しよう。

▷実際の出題例

民法に規定する制限行為能力者に関する記述として、妥当なのはどれか。

1．制限行為能力者は、成年被後見人、被保佐人、被補助人の3種であり、これらの者が単独でした法律行為は取り消すことができるが、当該行為の当時に意思能力がなかったことを証明しても、当該行為の無効を主張できない。

2．制限行為能力者の相手方は、その制限行為能力者が行為能力者となった後、その者に対し、1か月以上の期間を定めて、その期間内にその取り消すことができる行為を追認するかどうかを確答すべき旨の催告をすることができる。

3．家庭裁判所は、精神上の障害により事理を弁識する能力が著しく不十分である者については、本人、配偶者、四親等内の親族、補助人、補助監督人又は検察官の請求により、後見開始の審判をすることができる。

4．被保佐人は、不動産その他重要な財産に関する権利の得喪を目的とする行為をするには、その保佐人の同意を得なければならないが、新築、改築又は増築をするには、当該保佐人の同意を得る必要はない。

5．家庭裁判所は、保佐監督人の請求により、被保佐人が日用品の購入その他日常生活に関する行為をする場合に、その保佐人の同意を得なければならない旨の審判をすることができる。

（令和3年　特別区Ⅰ類　専門　民法）

1　3種が×。未成年者も制限行為能力者である。

2　正しい。

3　後見開始の審判が×。補佐開始の審判が正しい。

4　「保佐人の同意を得る必要がない」が×。

5　日用品の購入は同意不要なので×。

よって、2が正解である。

ほとんどが過去問の焼き直しであり、確実に正解したい。

行政法

▷勝負科目の一つ

　行政法は特定の法律もなく、出題範囲も民法に比べれば狭い。パターン問題が多い科目と言える。これは対策をきっちりやり、得点源にしたい科目である。**合格者が得意にしていて、不合格者が苦手な科目の代表**である。つまり勝負科目の一つだと言える。

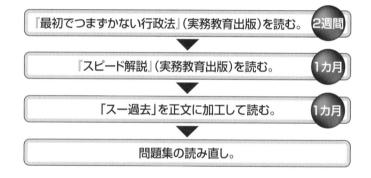

『最初でつまずかない行政法』（実務教育出版）を読む。　2週間

↓

『スピード解説』（実務教育出版）を読む。　1カ月

↓

「スー過去」を正文に加工して読む。　1カ月

↓

問題集の読み直し。

▷入門本で理解を進め、問題集で覚える

　『最初でつまずかない行政法』で全体像をつかんでおく。1週間で読み切るぐらいのスピードが必要で、あとは例によって問題集の正文化で事例や判例、趣旨を理解していくことが必要だ。やはり事例中心の勉強が必要である。事例を通して総論、行政手続法、行政不服審査法、行政事件訴訟法、地方自治法などを理解していけば合格点だ。本番では1ミスぐら

いを目標にしたい。最初わからなくても、民法と違って**表現に慣れればあっという間に理解が進む**ことが多々あるので、黙ってフローチャートの通り進めれば大丈夫だ。

　なお、判例は憲法以上に重要になるので、念入りに押さえていくことが必要である。

▷いい教材・ダメな教材

　やはり『スピード解説』が使いやすい。問題のすぐ横に解答という、学習心理学的に一番頭に入りやすい方式を採用している。学習がサクサク進むはずだ。他の本で悪戦苦闘している人に差をつけるチャンスだ。

「出るとこ過去問セレクト」は、『スピード解説』よりは難解で、初心者にはちょっとだけ敷居が高い。解説が肌に合う好みのものを使えばよい。

『法律５科目　まるごとエッセンス』（215ページ）は、憲法と同様の理由で、主力科目への対策としては底が浅すぎるので使えない。

▶▶▶コラム◀◀◀　法律科目の選択肢の落とし方

　法律科目は特有の堅苦しい言い回しがある。しかし、それを逆手に取って、誤答選択肢を落とすことができる。いくつか紹介しよう。

・例外を認めない選択肢

「すべて〜である」「〜の余地はない」「必ず〜しなければならない」など、例外を認めない極端な内容の選択肢は×のことが多い。

　例：（平成25年　国家一般職行政法）B及びCに位置基準を根拠として許可の取消しを求める原告適格が認められる余地はない。

・「〜であっても」

　〜であっても、〜できない（できる）という選択肢は×のことが多い。前段の文章を変えるだけで問題が作れるので、誤答選択肢が非常に作りやすいからだ。

　例：（平成25年　国家一般職民法）　甲山林から生じた果実を採取して消費した場合であっても、Aが甲山林を自己の所有と信じたことに過失があるときは、Aの果実収取権は否定され、AはBに対し消費した果実の対価を返還しなければならない。

・「〜であるから」

　〜の部分、あるいは後段の部分が判例・通説上間違いのことが多い。有力な×候補。

　例：（平成25年　国家一般職行政法）在外国民が選挙権を行使できなかった精神的苦痛は金銭賠償にはなじまないから、国は賠償責任を負わない。

▷ 実際の出題例

行政法学上の損失補償に関する記述として、最高裁判所の判例に照らして、妥当なのはどれか。

1. 倉吉都市計画街路事業の用に供するための土地収用では、土地収用法における損失の補償は、特定の公益上必要な事業のために土地が収用される場合、その収用によって当該土地の所有者等が被る特別な犠牲の回復を図ることを目的とするものではないから、収用の前後を通じて被収用者の財産価値を等しくならしめるような補償を要しないとした。

2. 旧都市計画法に基づき決定された都市計画に係る計画道路の区域内の土地が、現に都市計画法に基づく建築物の建築の制限を受けているが、都道府県知事の許可を得て建築物を建築することは可能である事情の下で、その制限を超える建築物の建築をして上記土地を含む一団の土地を使用できないことによる損失について、その共有持分権者が直接憲法を根拠として補償を請求できるとした。

3. 憲法は、財産権の不可侵を規定しており、国家が私人の財産を公共の用に供するには、これにより私人の被るべき損害を填補するに足りるだけの相当な賠償をしなければならず、政府が食糧管理法に基づき個人の産米を買上げるには、供出と同時に代金を支払わなければならないとした。

4. 戦争損害はやむを得ない犠牲なのであって、その補償は、憲法の全く予想しないところで、憲法の条項の適用の余地

のない問題といわなければならず、平和条約の規定により在外資産を喪失した者は、国に対しその喪失による損害について補償を請求することはできないとした。

5．自作農創設特別措置法の農地買収対価が、憲法にいうところの正当な補償に当たるかどうかは、その当時の経済状態において成立することを考えられる価格に基づき、合理的に算出された相当な額をいうのであって、常にかかる価格と完全に一致することを要するものであるとした。

（令和3年　特別区I類　専門　民法）

1　完全な補償を要するので×。

2　直接請求できないので×。

3　同時履行は要しないので×。

4　正しい。

5　「常にかかる価格と完全に一致」が×。裏ワザ的にも強い断定は×である。

よって、4が正しい。

本問もほとんどが過去問の焼き直しであり、有名判例である。行政法は合格者と不合格者で一番差がつく科目なので、何度も繰り返し学習しよう。

法律系周辺科目
商法・刑法・労働法

▷ 時間がない場合は捨てる

　地上や国税で数問出される。**商法と刑法は"時間対効果"がきわめて悪い科目で、時間がなければ捨てていい。**出題数に比べて条文の数が多すぎる。特に商法は捨てるのが得策だ。

　対策する場合は『法律５科目　まるごとエッセンス』（215ページ）と、過去問10回分ぐらいで十分。それ以上やっても点数の上昇度がよくない。

　労働法は簡単なので地上受験者は対策しておいて損はない。『まるごとエッセンス』と、手に入る過去問を全部やっておけば（もちろん正文に直して読み込むだけ）、得点源になる。やはり安直に「スー過去」を使うのが速いだろう。

　これら３教科を捨てない（あるいは数科目だけ勉強する）場合のフローチャートは、

『法律5科目　まるごとエッセンス』を読む。　2週間

▼

「スー過去」のうち、勉強する科目だけ読み込む。　1カ月

▶実際の出題例

　不真正不作為犯に関する次のア～エの記述のうち、妥当なもののみを全て挙げているものはどれか（争いのあるときは、判例の見解による。）。

ア　不真正不作為犯は、財産犯についても成立する余地がある。

イ　不真正不作為犯は、作為可能性がない場合であっても成立する余地がある。

ウ　不真正不作為犯は、作為義務が契約に基づくものでない場合であっても、成立する余地がある。

エ　不真正不作為犯において、未遂は成立し得ない。

1．ア、イ
2．ア、ウ
3．ア、エ
4．イ、ウ
5．ウ、エ

（令和3年　裁判所　専門　刑法）

　選択肢を見ると、アが3つ、ウが3つ、イとエが2つである。多数決争点整理からアとウから優先的にチェックする。

　ア　正しい。裏ワザ的に「余地がある。」という書きぶりは正解になる可能性が高い。

　ウ　正しい。作為義務は法令、契約・事務管理、慣習条理

でも成立する。

　よって、2が正解となる。

　念のため、イとエも確認する。

　イ　不真正不作為犯の同価値性の要件の1つとして作為の
容易性・可能性が必要である。作為可能性がない場合は成立
し得ない。これは裏ワザでは判断できない肢だが、基本的知
識である。

　エ　未遂は成立し得るので誤り。

※「多数決争点整理」は本問のような選択肢を個別に見たと
きに偏りがある場合の絞り込みに有効なテクニックである。
本問のようにアとウが3つ選択肢の中にあるので、相対的に
正しい肢である可能性が高い。これは司法試験講師である中
村充氏が提唱しているテクニックであるが、公務員試験でも
有用である。

○○○○○受かる受験生のパターン○○○○○

・民法は深入りを避ける

・地上の法律選択科目は捨てるか、手間をかけずにやる

・憲法と行政法はこつこつ過去問を潰す

・参考書よりも問題集だ

・『公務員試験六法』も辞書程度にしか使わない

×××××落ちる受験生のパターン×××××

・司法試験用の教材や学者の基本書を使ってしまう

・「Ｖテキスト」を使う

・民法でドツボにハマる

・問題集より基本書の精読だ

・六法や判例集は欠かせない

・主要科目に『まるごとエッセンス』を使っている

国家試験受験のための
よくわかる憲法【第7版】
憲法の基礎はこれで十分

中谷彰吾著／定価2200円（税込）／2019年10月発行／自由国民社

概要・特色▶冒頭に日常生活に密着した設例をおき、そこから論点を解説していく形式の憲法の解説本。章末に行政書士や公務員試験の過去問も掲載している。

内容評価▶大学受験業界では、講義を活字にした講義本が人気を博している。最近になり、大学受験以外の対策本においても、話し言葉でわかりやすい講義形式の書籍がじわりじわりと好評になりつつある。しかしながらその流れに気づいている公務員受験生がどのくらい存在しているのか疑問が残る。依然としてわかりにくい長ったらしい教材を血眼になって勉強している人が多い。**差をつける絶好のチャンスだ。**

　当書は、身近な設例を題材にして、憲法初心者でも存分に理解できるようにわかりやすい説明を加えている。分量やレベルも適当。判例に関しても必要最小限のものは掲載されている。**すきま時間を利用して読めば、すぐに憲法のアウトラインをつかめる。**概要さえつかめば、あとは問題集でいくらでも肉付けは容易だ。論点が実際にどう出題されているかは、過去問が教えてくれる。特に、憲法は条文も少ないし、論点も決まっている。長い解説本を読む必要はなく、この程度の分量の本でざっと押さえておけば十分だ。**したがってこの本は読み流すだけで十分。**色ペンで塗り分けたり、ノートを作ったりする必要はまったくない。主力は問題集なので、問題集の解説の補強として使おう。当書自体は載っている問題数は少ないが、説明のわかりやすさというメリットがその欠点を上回る。わからないところを読むだけという使い方でもいいので、持っておくことを勧める。過去問の学習が速くなるという効果が十分期待できる。

みんな合格！公務員
いちばんわかりやすい　憲法
コンセプトが破綻している

豊泉裕隆・西村洋祐著／定価1760円（税込）／2015年1月発行／
ダイヤモンド社

概要・特色▶知識ゼロから合格レベルに引き上げるとした解説書。「学習のポイント」、条文・判例のまとめのあと、過去問の○×問題付き。2色刷り。

内容評価▶憲法を項目別に分け、条文の解説、重要判例をつけて、そのあと過去問の一問一答をつけた体裁の本。

「いきなり過去問を解いてはいけない！」と表紙に仰々しく書いてあるが、憲法はたいして難しい概念が問われることはなく、**いきなり過去問を解けば十分である**。コンセプトが破綻している。

　解説本としても疑問のつくところが多々ある。肝心の解説が全然わかりやすくない。「ざっと一読しておきましょう」などと書いてあるだけのページも多々あり、全く解説になっていない。あとはただ、判例を羅列してあるだけで、難解な概念を分からせようという気もなければ、わかりやすいたとえを使って言い換えるなどの工夫もない。

　問題部分は過去問の選択肢を一問一答にして、ただ○×をつけただけで、これも得点力にならないと言わざるをえない。

　さらに致命的なのが、「このあとは国家一般職H25にチャレンジ！」などと、問題を指定してあるが、その問題が載っているわけでもない。だったら最初から過去問集をやればいいだけの話で、**全く意味がない編集である**。

　問題中心でもなければ、解説も中途半端で、**公務員試験の法律系の本の中では、ダントツに出来が悪い一書**。いちばんわかりやすいどころか、なにがしたいのか、訳がわからない仕上がりとなっている。やめたほうが賢明だ。

公務員試験
法律5科目　**まるごとエッセンス**
【改訂第4版】

主力科目攻略に使うのは無理

九条正臣著／定価1430円(税込)／2019年11月発行／実務教育出版

概要・特色▶法律５科目のエッセンスを32テーマに分けて、250ページ弱に集約したハンディ本。各テーマの出題頻度を２段階表示し、特に短期間に得点力増強をはかれるテーマには「必修！」マークがついている。２色刷り。

内容評価▶法律５科目を１冊に押し込んだ本だが、**憲法、行政法、民法といったメイン科目に関しては、分量、レベルともにまったく使えない。**

　メイン科目はきちんと概念を理解する必要があるのだが、この本程度の分量でまとめられるほど、法律科目の勉強は甘くない。『行政５科目　まるごとパスワードneo2』（240ページ）で間に合う行政系科目とはそこが違う。

　一方、地上・国税の刑法、労働法といった法律科目に関しては、コンパクトにまとまってはいるので、この本を学習の軸にしてもよい。地上に出る程度の論点はほとんどもれなく掲載されている。これらの科目で他のテキストを使うと、学習すべき事項が無限に拡大し、自爆の原因になるから、まずはこの本で「エッセンス」だけを固めるのが有効な学習法だといえる。

　ただし、問題をほとんど掲載していない（科目ごとの最後に「ファイナルチェック」として15〜25問程度収録しているが、絶対量も少ないし解説はないも同然）し、説明もわかりやすいとはいえない。**問題集と併用しないと効果がゼロになる。気をつけよう。**

　試験直前の見直しには適しているという声もあるが、最終的にはメイン選択科目は過去問を１日で見直せるようになっておきたいので、やはり不要である。

公務員試験まるごと講義生中継シリーズ
郷原豊茂の
憲法 新・まるごと講義生中継
決定力に欠ける

郷原豊茂著／定価1760円(税込)／2018年7月発行／TAC出版

概要・特色▶TAC公務員講座の人気講師による、「まるごと講義生中継シリーズ」の憲法編。2色刷り、図もあり。

内容評価▶名著『民法まるごと講義生中継』の郷原豊茂氏が、憲法にも進出して出した本。2018年改訂で、講義の質としては悪くない。公務員試験に必要な論点はほぼすべて掲載されている。説明も民法同様非常に明快。これ1冊で、公務員試験の知識としては十分だ。また、初版では592ページ(!)あったページ数を大幅にカットし、圧縮した。それでいて解説の質が落ちていないのは、大いに評価できる。

　が、評価としてはやはり「×」だ。憲法は受験生の身近な論点を扱っていることが多く、予備知識がなくても、いきなり過去問から入ってなんとかなってしまう科目だ。民法ほど難解な概念はないし、行政法ほど頭に入りにくくもない。

　つまり、説明は非常に優れているのだが、科目の特性上、この本を学習の最初に持ってくる必要がないのだ。受験生はまず過去問をやるのが先決。わかりにくいところだけ、拾い読みしておけば十分だ。参照用としては、持っておく価値もあるかもしれないが、くれぐれも主軸にしないように。

　また、量が多い。この量を副読本として読み切るのは受験生には至難の業である。「過去問がみるみる解けるようになる！」とうたっているが、だったら過去問を直接こなしたほうが結果的には早い。よほど憲法を根底からわかっておきたい人が、趣味的に読むなら別だが、他の科目もある中で、この本を悠長に読んでいる時間はないと考える。

公務員試験まるごと講義生中継シリーズ
郷原豊茂の
民法Ⅰ 新・まるごと講義生中継 総則・物権編【第2版】
民法Ⅱ 新・まるごと講義生中継 債権編【第2版】

ライバル本の出現で優位性が低下

郷原豊茂著／定価1540〜1760円(税込)／
2020年3〜7月発行／TAC出版

概要・特色▶TAC公務員講座の人気講師による、「まるごと講義生中継」シリーズの民法編。2色刷り、図多数。重要な部分に絞って解説している。

内容評価▶民法はそもそも用語が難解である。おまけに条文の数は1000を超え、とてもではないがすべてをカバーするわけにはいかない。

用語が難解なら概念も難解で、**法律初心者が通常の本で勉強するのはまず無理だ。**

そのためには、学習初期の段階で、公務員試験に出る論点を、ていねいにわかりやすく解説した理解本がどうしても必要になる。当書は**重要な部分だけを厳選して、頭に残りやすいような解説をしてくれる。**事例が多く理解しやすいし、重要ポイントはすべて色文字になっている。

具体例を交えた解説が非常に印象に残り、**これなら民法をやってみようかという気になる。**頭を「民法回路」に切り換えるのに最適の1冊。問題はついていないが、一気に読んで問題集をやることで補充できる。

購入する場合は必ず民法改正対応の「第2版」以降を購入すること。初版は改正法に対応しきれず回収となったため買ってはいけない。なお、以前は同シリーズの過去問編も掲載していたが、債権法改正に対応していないため、こちらも買う必要はない。

当書が有用なのは間違いないが、「最初でつまずかない」や寺本康之氏という強力なライバルの出現により優位性の低下は否めない。

どの本を使うにせよ、重要なのは過去問知識を血肉とすることである。インプットはさっさと終わらせ、繰り返しアウトプットしよう。

公務員試験
最初でつまずかない民法Ⅰ 総則 物権 担保物権
最初でつまずかない民法Ⅱ 債権総論・各論 家族法
④ 今後の決定版

鶴田秀樹著／定価1870円(税込)／2019年2〜8月発行／実務教育出版

概要・特色▶「スピード解説民法」の著者による「最初でつまずかない」シリーズの民法版。各分野の説明の後に過去問を配置。2色刷り、図多数。

内容評価▶この本の登場により、民法の『まるごと講義生中継』の1人勝ち状況は完全に崩れたといってよい。「スピード解説」の著者である鶴田氏が執筆していることから「スー過去」との相性がよく、今後のトレンドになっていくと思われる。使い方としては「最初でつまずかない」を読みつつ、「スピード解説」も同時並行で読み込んでいくことをお勧めする。

　最終的に「スー過去」で補強していけば民法に沈むことはない。

公務員試験
最初でつまずかない行政法
④ 令和公務員試験行政法の主役参考書

吉田としひろ著／定価1870円(税込)／2020年7月発行／実務教育出版

概要・特色▶「スピード解説行政法」の著者による「最初でつまずかない」シリーズの行政法版。各分野の説明の後に過去問を配置。2色刷り、図多数。

内容評価▶今まではTAC出版の「まるごと」以外の選択肢がなく、仕方なく使う人が多かったという印象であったが、今後は当書がトレンドになっていくだろう。「スピード解説」の著者なので、「スー過去」との相性がよい。民法と同様、この本を読みながら「スピード解説」の問題も同時並行で読んでいくことをお勧めする。なお、著者の吉田氏は「吉田利宏」名義で公務員向けの法制執務関係の著作もあり、合格後もお世話になる可能性が高い方である。

伊藤塾の公務員試験
「憲法」の点数が面白いほどとれる本

◎ 憲法は今後の主役になりうる出来

伊藤塾著／定価1650〜1980円(税込)／2019年2月発行／KADOKAWA

概要・特色▶フルカラー。解説のあとに過去問の肢別問題を配置。

内容評価▶伊藤塾の公務員試験向け参考書。**全ページフルカラー**であり、対応の「これ完」(40ページ)の発売もあり、今後のシェアは伸びていくだろう。特に憲法はフルカラーという見やすさ、200ページ弱という薄さもあり、本書で例年勧めていた『よくわかる憲法』に代わる参考書になっていくだろう。一方、民法と行政法は全範囲をフルカラーで解説したという点は評価できるが、理解できるのは法学部出身の受験生だけだろう。したがって、**法学部出身の受験生は当書と「これ完」から「スー過去」に進むのが今後のトレンドになっていくだろう。**

公務員試験まるごと講義生中継シリーズ
新谷一郎の
新・行政法まるごと講義生中継

✗ 強力なライバル出現で評価下げ

新谷一郎著／定価1760円(税込)／2018年12月発行／TAC出版

概要・特色▶TACによる「まるごと講義生中継」シリーズの1冊。まず学習法にふれ、行政法の骨格→基礎→展開という3部構成。2色刷り、図多数。

内容評価▶当書はもともと、長年○として評価してきた。しかし、正直に言って、説明の明快さや具体例の出し方、判例の解説などが同じシリーズの民法などよりは落ちる。

　また『最初でつまずかない』や伊藤塾、寺本康之氏の本の影響で、当書の有用性は大きく低下した。残念ながらこの本を積極的に使う理由はなくなったといえる。

寺本康之のザ・ベスト ハイパー
民法I・II　憲法　行政法

◯ 今後の主力になる可能性あり

寺本康之著／定価1650〜1760円(税込)／
2020年12月〜2021年2月発行／エクシア出版

概要・特色▶人気講師がオールインワン形式でまとめる。2色刷。法律科目
は民法のほか憲法、行政法。

内容評価▶寺本氏はここ数年で著書が増え、認知度が高まってきた。この
シリーズもとにかく公務員試験で点数になればいいやという観点から割り
切った本である。項目別の解説があり、そのあとに◯×チェックと、実際
の過去問が掲載されている。

　このシリーズ3科目に共通している点は、重要な部分はすべてランク付
けされており、判例に破線が引かれ、どういう事項が争点となっているか
がわかる作りになっている点である。ただ分量は多い。

　また、改訂が頻繁に行われており、民法の債権法改正にいち早く対応し
た点も評価できる点である。当書はわかりやすい部類に入るものの、それ
なりに分厚く挫折する可能性もある。

　このシリーズの使い方としては、まず、重要度★★★頻出度★★★と指
定されているところをざっと読む。読んだらすぐ、その章の◯×問題と過
去問を、正文化しながらやる。過去問を見ていくプロセスで、必要な知識
を本文に戻って復習するというやり方が早い。過去問が足りないと感じた
ら「スー過去」を使う。★★以下は、相当学習が進んでからでよい。

　なお、この本を読み切れないと思った場合は寺本氏が著書を用いて
YouTubeで月額500〜800円程度で配信しているので利用してもいいだろ
う。刑法、商法、労働法の講義も展開しているので法律科目に力を入れた
い受験生にはオススメである。

公務員をめざす人に贈る 行政法教科書

試験本番までに1年以上ある人には有益

板垣勝彦著／定価2750円（税込）／2018年10月発行／法律文化社

概要・特色▶東大ロースクールから司法試験に合格した若手行政法学者が行政法全体を解説した教科書。著者によるYouTube無料講義あり。

内容評価▶書名に反し公務員試験受験生ではなく司法試験受験生の間で最近話題になっている本である。著者本人がYouTube上に無料講義を上げたことにより、急速に認知されはじめた。基本書に分類される本ではあるが、とても読みやすく、わかりやすい。大学1年〜2年の間に読めるなら是非読んで欲しい本である。一方で、時間がない受験生には勧められなので、『最初でつまずかない』と『スピード解説』を利用しよう。板垣氏は公務員向け実務書も執筆しており、**合格後に読みたい作者の1人**である。

公務員試験
ココで差がつく! 必修判例【第2版】

公務員試験特化型で心強い

TAC公務員講座編著／定価1980円（税込）／2019年6月発行／TAC出版

概要・特色▶憲法・行政法・民法について、公務員試験で出題された判例を争点、根拠、結論に分けて明示。2色刷り。

内容評価▶判例学習の辞書としては、この本を持っているとよい。もちろん頭から読むような本ではないが、辞書としての使い出は十分にある。公務員試験に出た判例だけを厳選して紹介しており、結論をはっきりさせているうえ、過去の出題例も選択肢で紹介してあり、読んでわかりやすい。憲法や行政法は、受験生もある程度判例を知っているが、民法は、判例に手がまわらないことがけっこうある。判例に親しんでいるかどうかが、点数に直結する。民法の学習の際は、当書も随時参照するようにしよう。

jijiたんの勉強法コラム④

大量高速回転すべし

　実は私は大学受験までは、勉強が得意というわけではありませんでした。予備校に通い、授業を受け、参考書を買い、模試を受け、直前期には過去問も解きました。でも、成績はあまり伸びませんでした。私が一気に勉強が得意になったのは、大学に入り、公認会計士試験予備校で、いわゆる「一流」と言われる大学の人たちと出会ったときからです。彼らは、私が考えもしない方法で勉強をし、しかもしっかりと勉強時間を確保し、良い成績を残していたのでした。

　当時教わった勉強方法は数多くありますが、「**大量高速回転**」という考え方が特に衝撃的でした。当時も私は何となく授業を受け、テキストを読み、テストを受けていました。しかし優秀層の受験生は徹底的に**同じ問題を反復して解いている**のです。2回や3回というレベルではなく、5回6回、時には10回以上同じ問題を回転していたのです。

　この大量高速回転は勉強を進めるうえで非常に重要な考え方です。どんなに記憶力が良い、あるいはそもそも地頭が良い人でも、1回だけで覚えたり解けたりすることはほぼありません。何度も間違えて、脳に「これは生きるうえで必要な知識だから記憶するんだ」という指令を出すことで、やっと記憶に残るのです。なので、問題集3冊を1回転ずつするよりも、問題集1冊を3回転するほうが、圧倒的に勉強効率が良いのです。

　大量高速回転をすると同じ参考書を何回も解くことになるので、**参考書選びは非常に大事**になります。では、どの参考書が良いかというと、それはまさしく本書で紹介していて評価が高い参考書です。本書は公務員試験のさまざまな参考書を比較し、実際に使うことでおすすめの参考書を掲載しているので、みなさんが参考書選びに時間を使う必要はありません。本書を参考に自分が心中する参考書を選び、何度も回転することで自分の骨肉とすることこそ、合格への近道といえるでしょう。

行政系科目

受かる勉強法・参考書はこれだ！

ますます難化するなかで、
確実に点数を取る技術とは？

政治学

▷ 科目の特徴

　権力・国家論、政治思想、政治史、政治過程（政党や選挙）、政治機構（議会）などを出題する科目。出題数は国家一般職専門で5問、地上では2問出題。概念は難しくないが、**近年の国家一般職は明らかに難化傾向にある**。科目選択には一考を要する。

▷ まずは『まるパス』から

　この科目は絶対に『行政5科目　まるごとパスワードneo2』（240ページ、以下『まるパス』）から始める。**間違っても「Vテキスト」を読んではいけない**。

　『まるパス』の前書きに「1日6ページずつ読む」などとふざけたことが書いてあるが、政治学の部分は60ページもなく、2日以内で読み切る。一気呵成（かせい）の集中的スピードが大切だ。これで政治学がどんな科目なのか全体像を知る。

　それ以降の勉強法は、次のやり方で万全だ。

> 「スー過去」の正文化。学者とキーワードを暗記すればすむ問題は『まるパス』にマークするだけにとどめる。長文問題や、選択肢の落とし方に注意。　 1カ月

> 過去問正文と再度『まるパス』を読み込む。飽きたら『行政5科目　まるごとインストールneo2』（実務教育出版）も読む。特に選択肢の落とし方が書いてある部分に注意して読む。他は補助程度。

過去問は、実際出された文章ということで頭に入りやすい。

▷ 実際の出題例

選挙制度に関するA～Dの記述のうち、妥当なものを選んだ組合せはどれか。

A　選挙制度には、多数代表制や比例代表制等があり、1つの選挙区から1人の代表を選出する小選挙区制は多数代表制の典型であるが、小選挙区制を採用している国には、アメリカ、イギリス、カナダ等がある。

B　小選挙区2回投票制とは、絶対多数でなければ当選せず、1度で決まらない場合は上位者で決選投票を行うものであり、イタリアが国民議会選挙で採用している。

C　比例代表制では、世論の分布を議会に反映させるため、各党の得票数に応じて議席が配分され、その党の獲得議席の分だけ政党が作成した名簿の上位から当選とする非拘束名簿式が多く用いられており、この方式では有権者は政党のみを選ぶこととなる。

D　デュヴェルジェの法則とは、小選挙区制は二大政党制をもたらし、比例代表制は多党制をもたらすという、選挙制度と政党システムの関係について示したものである。

　1．A　B
　2．A　C

3．A　　D

4．B　　C

5．B　　D

（令和3年　特別区Ⅰ類　専門　政治学）

A　正しい。

B　イタリアではなくフランスである。

C　非拘束名簿式ではなく拘束名簿式が正しい。

D　正しい。

よって、3が正解である。

本問の正答率はやや低いというデータがある。恐らく、C
を正しいとしてしまったのではないだろうか。上記の知識は
全て「まるパス」に載っている知識であり、絶対に正解した
い問題である。

▶ 能率の悪い勉強法

よくない勉強法の代表例としては、『まるパス』をノート
やカードにすることが挙げられる。ほとんどすべてが出題さ
れるので、これ自体を何度も繰り返して覚えなければならな
い。抜き書きはどうしても覚えにくい事項を「記憶ノート」
に書くぐらいにしておく。『まるパス』を完全にしてから過
去問をやるというのも大きな誤り。過去問をやったほうが、
結果的に『まるパス』が早く頭に入る。

▷ 文字だけの本は要らない

　基本書は不要である。『まるパス』の説明でわからないところは、「スー過去」が解説してくれているし、それ以上のレベルはいらない。公務員試験出題のタネ本は『政治学』（有斐閣）だが、一般人はとうてい読みきれないだろう。また、政治等は概念が難しいわけではないので、こういう字だけの本はいらない。最初から公務員試験向きに加工された本を反復暗記することに尽きる。

▷ やさしい過去問集は不要

　行政系科目は、法律系科目ほど概念が難解ではない。『スピード解説』や「出るとこ過去問セレクト」のようなレベルをやや落として学習しやすくした過去問集は、必ずしも必要ない。いきなり「スー過去」に取り組んで大丈夫だ。

▷ 余裕がある人は

「過去問500」（32ページ）の総合職版で、過去5年分ぐらいの問題にあたっておこう。新傾向問題の点数が拾える可能性が上がる。ただ、あくまで余裕がある人の話。合否は『まるパス』と「スー過去」の潰し度合いがすべてである。

行政学

▶楽勝科目だ!

　政治学とまったく同じ手法が通用し、しかも政治学より範囲が狭い。『まるパス』で40ページしかない**楽勝科目**である。この科目も国家一般職で選択したい。出題数は国家一般職専門で5問、地上全国型で2問、関東型で2問、特別区で5問である。

　したがって勉強方法も政治学と同じで、まずは『まるパス』を1日で読む。

　そして、

「スー過去」の正文化。学者とキーワードを暗記すればすむ問題は『まるパス』にマークするだけにとどめる。長文問題や、選択肢の落とし方に注意。 1カ月

過去問正文と再度『まるパス』を読み込む。飽きたら『行政5科目　まるごとインストールneo2』(実務教育出版)も読む。特に選択肢の落とし方が書いてあるところに注意して読む。他は補助程度。

で十分である。

　1週間もあれば概略がつかめ、1カ月で合格ラインに達することが可能な科目といえる。

　繰り返しになるが、「Vテキスト」はいらない。辞書として持っておく程度で十分だ。

▷ タネ本の読み方

　行政学は、近年の出題のタネ本が『行政学』（245ページ）であることは公務員試験の常識だ。余裕があったら読んでほしいが、最速で合格するにはそんなヒマはない。

　読む場合でも第2章「官僚制と民主制」、第5章「現代国家の政府体系」、第7章「議院内閣制と省庁制」、第9章「官僚分析の視座」、第16章「日本の中央省庁の意思決定方式」、第20章「行政統制と行政責任」程度にしておいたほうが無難である。読んでおくと1問ぐらいは拾える可能性がある。1年かけてじっくり勉強したい人は全部読んだほうがいいが、半年以下だったら通読しているヒマはない。"時間対効果"が悪すぎる。

▷ 時事には注意しよう

　『速攻の時事』（186ページ）は行政学対策にも役に立つので、早めに目を通しておくこと。この本は試験前に読めばいいという人がいるが、それは嘘で、早めに目を通しているかいないかで大差がつく。近年の問題は特に時事的要素が強く、要注意である。

▷実際の出題例

我が国の地方自治に関するA～Dの記述のうち、妥当なものを選んだ組合せはどれか。

A　中核市は、政令指定都市が処理することができる事務のうち、都道府県がその区域にわたり一体的に処理することが効率的な事務等を除いた事務を処理することができ、その指定要件は人口20万人以上である。

B　広域連合は、地方公共団体の組合の一つであり、普通地方公共団体及び特別区の事務で広域的な処理が適当と認めるものについて、広域計画を作成し、広域計画の実施のために必要な連絡調整を図り、その事務の一部を広域にわたり総合的に処理するために設けることができる。

C　条例に基づく住民投票は、公職選挙法の適用を受けるため外国人や未成年者に投票権を与えることはできず、また、投票の結果には法的拘束力がないとされている。

D　地方公共団体の議会に対する請願及び陳情は、国籍を問わず行うことができ、請願は議員の紹介を要しないが、陳情は議員の紹介により文書を提出しなければならない。

　1．A　　B
　2．A　　C
　3．A　　D
　4．B　　C

5．B　D

（令和 3 年　特別区 I 類　専門　行政学）

A　正しい。

B　正しい。

C　外国人や未成年に投票権を与えた事例はあるので誤り。

D　請願と陳情の説明が逆である。

よって、1 が正解である。

本問の正答率は高い。D がやや細かい知識だが、A と B は基礎知識なので正解したい問題である。

社会学

▷併願科目としてはやや効率が悪い

　近年は学者、キーワード問題を中心に、普通に勉強していれば解ける問題ばかりが出題されている。迷走し続ける政治学より、こちらを選択する方が賢明かもしれない。

　これも勉強方法は政治学や行政学とまったく同一で、『まるパス』を１日で読んで概要をつかんだら、

> 「スー過去」の正文化。学者とキーワードを暗記すればすむ問題は『まるパス』にマークするだけにとどめる。長文問題や、選択肢の落とし方に注意。

> 過去問正文と再度『まるパス』を読み込む。飽きたら『行政5科目　まるごとインストールneo2』（実務教育出版）も読む。特に選択肢の落とし方が書いてある部分に注意して読む。他は補助程度。

　ということになるが、過去問の重要性が政治学や行政学より高い。一度でも出題された学者名は、きっちり学説の内容まで理解しておく必要がある。

　社会学は地上では中部北陸型と特別区でしか出題がない（東京都は記述）ため、それ以外の受験生は優先度が下がる。国家一般で社会学を選択する受験生と特別区の受験生はしっかり対策しよう。

▷ 社会学の注意点

『まるパス』の出来が、政治学や行政学よりよくない点にも注意し、過去問は多めに潰しておこう。国家一般職で選択する場合は、「スー過去」以外に予想問題集まで潰しておくことを勧める。自力で解かず、正文集として読み込むだけでよい。

▷ 社会政策は楽勝科目

また、地上の社会政策は、簡単なので捨ててはいけない。

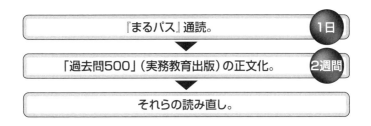

『まるパス』通読。　　　　　　　　　　1日

「過去問500」（実務教育出版）の正文化。　2週間

それらの読み直し。

だけで攻略できる。他のテキストはいらない。

▷ 実際の出題例

次のA〜Cで説明されている社会集団論を提唱した学者名の組合せとして、妥当なものはどれか。

A：血縁や地縁に基づき自生的に生じる生成社会と、なんらかの目標を達成するために人為的に形成された組成社会を区別した。

B：本質意思に基づく共同社会であるゲマインシャフトと、形成意思に基づく利益社会であるゲゼルシャフトを区別した。

C：共同関心に基づいた地縁的結合によるコミュニティと、特定の関心・目的を追求するアソシエーションを区別した。

	A	B	C
1.	ギディングス	マッキーバー	テンニース
2.	テンニース	マッキーバー	ギディングス
3.	マッキーバー	テンニース	ギディングス
4.	ギディングス	テンニース	マッキーバー
5.	テンニース	ギディングス	マッキーバー

（地上　専門　社会学）

まさに『まるパス』通りの出題で、すぐ正解の4が得られる。ここでは選択肢落としのテクニックを紹介しておく。

この問題のように、用語が5個の選択肢に2：2：1で配列されている場合、1のものが正解である確率はきわめて低い。

　これを本問に当てはめると、

　Aで3が落とせ、

　Bで5が落とせ、

　Cで1が落とせて、

　二択まで絞れてしまう。

　何の科目でも使えるテクニックなので、ぜひ頭に入れておこう。

国際関係

▷ 選択は勧めない

時事、地理、世界史とかぶり、複合的な学習ができるが、いかんせん昨今の国家一般職の問題が難化、迷走している。英文を含む問題が出されたり、最新の時事も必ず出る。なかなか対策が難しく、あまり選択を勧めない。

選択する場合は、以下のフローチャートのようにやるのを勧める。

> 『20日間で学ぶ国際関係の基礎』と『スピード解説』（ともに実務教育出版）を、問題を解かずに正文集として読む。　**20日**

> 『速攻の時事』も読む。　**10日**

> それら3冊と、模試正文集の読み込み。

この科目は『はじめて学ぶ国際関係』（247ページ）のような文字だけの本をやる必要はない。『20日間で学ぶ　国際関係の基礎』（246ページ）と『スピード解説』を勧める。過去問は『20日間』についている問題をマスターし、あとは模試で代用すればいい。「スー過去」までやるのは負担が大きい。

国際関係は時事的要素が強いので、模試問題が本番で的中

する確率が高く、過去問の必要性が他教科に比べると小さいのだ。また、『速攻の時事』だけで点数が３点ぐらい違ってきかねないので、この本は絶対に読み込んでおくことが必要だ。

　なお、新聞の国際面は見出しだけでいいので、目を通しておこう。できれば国の場所を地図帳で確認しておくと万全と言える。

▷ 実際の出題例

　安全保障政策に関する次の記述のうち、妥当なのはどれか。

1．相互確証破壊（ＭＡＤ）とは、冷戦中に核開発競争を進めたインドとパキスタンが、相互に相手を壊滅することができる程度の核兵器を保持し、「恐怖の均衡」としての核抑止を働かせていた状態である。

2．「封じ込め」政策とは、二つの陣営の対立が世界規模で広がっていた第二次世界大戦時に、自由主義陣営の盟主である米国が、ソビエト連邦などの共産主義諸国の勢力の拡大を抑え込むために採っていた政策である。

3．「囚人のジレンマ」とは、安全保障政策におけるモデルにも応用されるゲーム理論の一つである。そこでは、二人の潜在的仲間が、相互信頼が欠けているために互いに協調することができず、両者にとっての最適の解が容易に得られない状態である。

4．東南アジアでは、米国主導により、国際連合憲章第51

条の集団的自衛権を根拠にして、共同防衛体制のための地域機構である東南アジア条約機構（SEATO）が設置されている。これは、米国を中心とする地域的な安全保障の仕組みであり、ハブ・アンド・スポークスと呼ばれる。

5．集団安全保障は、国連憲章に採り入れられている考え方で、平和の破壊者等に対して各国が集団的に制裁を加えていく仕組みである。安全保障理事会における常任理事国の拒否権行使にかかわらず3分の2以上の理事国の賛成による決定に基づき、国連憲章第42条の軍事的強制措置を採ることもできる。

（国家一般職　専門［行政］国際関係）

1　インドとパキスタンではなく、アメリカとソ連の話。

2　第二次世界大戦ではなく冷戦の時。

3　正しい。

4　SEATOはベトナム戦争の終了で消滅した。

5　拒否権を行使すれば、軍事的強制措置は否決される。

　最近、国際関係は出題の長文、拡大化が進んでいる。変な地域や事項を聞いたかと思うと、最新の時事まで問うてくる。そして、英文の出題も1問あることが多い。時事の研究は怠りなくやっておこう。

　また、選択肢が長い問題が多く、その分裏ワザが使いやすい。選択する場合は、裏ワザをフル活用して何とか乗り切ろう。

○○○○受かる受験生のパターン○○○○

- ・『まるごとパスワード』は読み飽きた
- ・過去問の誤答の、言い回しのくせがわかっている
- ・「スー過去」は『まるパス』に出ていないことだけを読む
- ・基本書はせいぜい『行政学』の拾い読み
- ・時事は最重要だということがわかっている

××××落ちる受験生のパターン××××

- ・『まるパス』をカードやノートにする
- ・出そうもない学者名まで暗記する
- ・基本書を持っていないと落ち着かない
- ・過去問を自力で解く
- ・『速攻の時事』は直前に読めばいいと思っている

公務員試験　行政5科目
まるごとパスワードneo2

○ **使い方によって良書にも悪書にも**

高瀬淳一著／定価1430円(税込)／2019年12月発行／実務教育出版

概要・特色▶政治学、社会学、社会政策、行政学、国際関係の5科目32分野の頻出項目を精選し、頻度別に3段階に分けて解説。ハンディタイプ、2色刷り。2019年12月改訂。

内容評価▶行政系科目で、受験生の使っている頻度が一番高いと思われる本。政治学、社会学、社会政策、行政学、国際関係について、公務員試験に出る要点を徹底的に精選し、まとめたものだ。公務員試験に出される事項に完全に特化しており、「よく出る」「出ている」「出るかも」の3段階に分けて頻出項目を解説している。

　原則として、「まとめ集」のような本を最初から記憶することは勧めない。理解を伴わない暗記は苦痛が大きいし、記憶スピードも落ちるからだ。しかしこの本はまとめ方が非常によく、例外的にお勧めである。

　実際に、受験生の評判も「きわめて能率よく勉強できる」「最強の1冊」「行政系科目はこれだけで何とかなる」(実際には過去問などの問題演習をする必要はあるが)と好評が多い。また、理解しやすさについても、問題に目を通せば無理ではない程度に書かれているので、**知識ゼロの状態でいきなりこの本から入っても大丈夫**。

　というわけで良書なのだが、問題は使い方だ。

・『まるパス』の正しい使い方
　まず一読し、その後は問題に出てきたところをマーク**→あとは1〜2週間に1回くらいのペースでひたすら読み直す**

・『まるパス』の間違った使い方

① 一読するだけで、あとは辞書代わり

②「よく出る」しかやらない（国家一般職や地上では、全部の出題がありうると思ったほうがいい）

③ この本だけやり、問題演習が足りていない

④ 手をつける時期が遅く、直前のまとめに使う

　失敗パターン（間違った使い方）について解説を加えよう。

　①のような使い方は宝の持ち腐れだから絶対にダメ。1回読んだだけでは絶対に覚えられない。教材を通読するだけで満足してしまう人は落ちる。

　②と④について。行政系の科目は、「暗記だからいいや」という理由から、なめてかかる人が多い。**この失敗パターンで当書を使う人が毎年後を絶たない。**しかし近年、地上はともかく国家一般職行政系科目の難度は上がっており、直前に学者名とそれに関連するキーワードだけ覚えればいいという時代は終わっている。ましてや「よく出る」しかやらないなどというのは問題外だ。

　③について。行政系科目の攻略には、少なくともこの本を徹底的に読み込み、近年の過去問での問われ方を確認する作業が絶対に必要になる。そうしないと、どこがどう問われているかわからないし、記憶のきっかけもつかみにくいし、覚えにくい。問題演習を通して知識を頭に入れていくのがこの本の使い方の極意で、この本単体では勝負できない。**問題集を併用したほうが、この本単体を覚えるよりかえって早く覚えられるし、覚えた事項が点数になりやすいのだ。**次ページ掲載の『まるごとインストールneo2』とセットで使うことでいっそうの効果を発揮する。とにもかくにも単体で使う本ではないので注意。

　当書は2019年に改訂され、ますます使いやすく、かつ頻出の論点を絞り込んだ構成になった。行政系科目の短期攻略には絶対に欠かせない一書といえる。

公務員試験　行政5科目
まるごとインストールneo2
パスワードを得点化するのには必須の書

高瀬淳一著／定価1430円（税込）／2019年12月発行／実務教育出版

概要・特色▶『まるパス』の姉妹編で、問題演習の書。各テーマの例題には「解き方ガイド」がついて、選択肢選びのテクニックを伝授。さらに「選択肢に強くなる」「２択に挑戦する」で徹底演習するしくみ。ハンディタイプ、2色刷り。

内容評価▶『まるパス』同様2019年に改訂された。問題を通して用語を理解するコンセプトの本。問題を通したほうが用語が頭に入ってきやすい意味でもお勧めだが、特に選択肢の消し方が秀逸で、絶対に読んでおく必要がある。『まるパス』単独ではなく、当書を併用するようにしよう。そうでないと、近年の行政系科目の出題にはまず対応できないはずだ。

　使い方としては、とにかく『まるパス』をある程度読んだ段階で、「○○の解き方を学ぶ」（例題演習のコーナー）を中心に読む。もちろん解く必要はなく、いきなり解説を読む。問題はその後の検討で、「常識論で消す」「定義で消す」「本質論で消す」「キーワードで消す」といった、**選択肢選びのカンをしっかりマークし、覚えておくことが大切**だ。この視点を持っているかどうかで想像以上に差がつく。過去問を読む際の参考にもなるし、勉強の進み方も違う。実際に本番でも何点か拾える。

　何で点数を取っても１点は１点。テクニックはしっかり身につけておいたほうがいい。目安は、「○○の解き方を学ぶ」を３回程度というところだ。その他の部分はおまけ程度に拾い読みしておけばOKで、メインに持ってくる必要はない。**この本は受験生には人気がないようだが、それは使い方が間違っているからだ**。本文すべてを平板に同じ配分で読んでいるのでは最速とは言えない。上記の方法を押さえておけば高速で回転できて、『まるパス』単独より楽に得点力を上げることが可能になる。

公務員試験
過去問攻略Vテキスト⑩
政治学

基本的には不要だが、類書がない マイナー科目は持っていてもよい。

TAC公務員講座編／定価1760〜2420円（税込）／
2019年6月〜発行／TAC出版

概要・特色▶TACによる全分野を網羅する参考書風テキスト。2色刷り。

内容評価▶ここでは、「Vテキスト」シリーズ全体の評価を述べる。**この
シリーズは基本的には不要である。**このシリーズはTACの公務員試験講
座の受講生が使っていると思われる。

　確かに、リニューアル以前の「Vテキスト」は読むのが苦痛で、繰り返
そうという気がしない本であったが、リニューアルにより独学でも何とか
読める内容になった。

　しかし、民法で言えば同じTACから出ている「まるごと講義生中継」
のほうがわかりやすいし、地理や生物地学等の教養科目についても同じく
TACから出ている「出るとこチェック」のほうがコンパクトで語呂合わ
せもあって使いやすい。このように、同じ出版社で他に選びうるより使い
やすい参考書があるため、あえてVテキストを使用する必要性は低い。

　また、メイン科目である憲法、行政法、数的処理、経済学においては他
社のテキストのほうが格段に使いやすいため、やはりVテキストを使用す
る必要はない。

　一方で、**他に類書がなく選択肢がないマイナー教科においてはVテキス
トを持っていてもよいだろう。具体的には、労働法、刑法、商法、経営学、
会計学である。**これらの科目は商法を除いて「スー過去」はあるものの、
インプット教材がほぼ存在しない。

　もっとも、買うにしても辞書的に使用すべきである。基本的にアウトプッ
トはインプットの3倍以上を目安に過去問の正文化を用いたトレーニング
を繰り返し行うように。

寺本康之のザ・ベストプラス
政治学　行政学　社会学

辞書的に持っていてもよい。

寺本康之／著／定価1320〜1430円（税込）／2020年2月〜4月発行／
エクシア出版

概要・特色▶予備校人気講師がオールインワン形式でまとめる。2色刷。
Youtubeでの動画配信あり。

内容評価▶当書はまるパスの牙城を崩すまでには至らないがVテキストよ
りは断然わかりやすく、辞書として持っておいてもよい。

　まるパスには載っていない事項が『ザ・ベスト』には載っているという
ことがある。寺本氏には残りの行政系科目の国際関係と社会政策も出版し
てほしいところである。

　以下、この3冊の科目ごとの評価を述べる。

　政治学〇　基本的に理解できない分野はあまりないので、まるパスで足
りる科目である。ただし、国家一般職は難化傾向にあり、最新の出題傾向
を反映している当書の価値はある。

　行政学〇　政治学と同様。まるパスに載っていない過去問知識が掲載さ
れている。

　例えば、行政学者の真渕勝教授の『行政学』（有斐閣）が西尾行政学（245
ページ）に代わるタネ本になりつつある。実際、令和2年国家一般職行政
学に出題され、正解選択肢になっている。

　社会学◎　社会学はやや難化傾向にあり、国家一般職での選択はあまり
勧めない。地上でも都庁の記述式、中部北陸型と特別区の専門試験を除き
出題されないことから併願者にはお勧めしにくい科目である。まるパスの
社会学部分の出来がイマイチであることから、当書はそのかゆみに届くテ
キストであり、3冊の中でも特に価値ある1冊である。社会学が5問出題
される**特別区の受験生は買っておくべき**である。

Public Administration
行政学 [新版]

✖ 無理してかじりつくのは破滅のもと

西尾勝著／定価3410円(税込)／2001年4月発行／有斐閣

概要・特色▶元国際基督教大学教授にして行政学の権威による由緒正しい教科書。ハードカバー430ページだが「Tea Time」というコラムも入っている。

内容評価▶もとは放送大学のテキストで、著者は行政学の一大権威。**国家一般職などでは、この本の文がそのまま問題文になっていることもある。**毎年「もう出すネタは尽きた」と言われているが、何らかの形で今年度以降も出される可能性が高い。

が、お勧めはできない。言うまでもなく、公務員試験受験者のことなど想定していない本なので、問題を解けるようになるという発想があるわけもないし、一般人にわかるような文章とも言えない。**通読するのが非常に厳しい書物である。**

公務員試験対策としては量が過剰という点も大きい。

結果として、人生で一度ぐらい基本書を読んでみようという人にしか勧められない。読む場合でも、本書で取り上げたパート（229ページを参照）や、問題をやっていて聞いたことがないのに、この本には出ている事項をチェックする程度の読み方で十分である。一生懸命読んでノートを作ろうなどという発想は、破滅のもとだ。

なお、最近は真渕勝氏の『行政学［新版］』（有斐閣）がタネ本になりつつある。600ページ以上あるので受験期間中はお勧めはしないが、公共政策大学院では必読書となっている場合も多いため、合格後は読んでおくといいだろう。

上・中級公務員試験
20日間で学ぶ　国際関係の基礎
【改訂版】

問題を通して学べる良書

高瀬淳一編著／定価1540円(税込)／2005年8月発行／実務教育出版

概要・特色▶ 1日10ページずつ20日間で終わるようになっており、まずポイント解説、そして1問1答、次に過去問という構成。巻末に総合実力確認問題が20問ついている。字はやや小さめ。

内容評価▶ 一般知識の章でも同シリーズの本を紹介している（182ページ）が、要点のまとめとチェック問題、本物の過去問から1日分を形成し、それを20日間積み重ねることで一通りマスターする、という形式の本。

　問題を通して学習するのは**「最速受験術」**の基本で、そのコンセプトにぴったりな本だと言える。

　国際関係ではこの本がイチオシだ。頻出テーマの分け方も適切だし、問題の選定も必要十分な量になっている。妙な創作問題もなく、すべて本物の過去問を使っているところも好感が持てる。**短期決戦の追い込み学習に向いた編集で、時間のない人でも使える。**

　レイアウトがいいのも見逃せないポイントで、問題の横に解答・解説がついており、非常に学習がしやすい。解説も必要十分。

　学習の仕方としては、まとめ部分は気軽に読んで、とにかく問題の反復読み返しをやることに尽きる。この本だけで合格点は狙える。予備知識も不要だし、マイナー科目だが、選択して損はないといえる。

　このシリーズで使えるのは、国際関係、あとは生物・地学と憲法と行政法の問題演習ぐらいである。

　当書も2005年から改訂されておらず、古くなってきた感は否めない。場合によっては同著者による『スピード解説』を検討しよう。

New Liberal Arts Selection
政治学【補訂版】
国家総合職タネ本ではあるが…

久米郁男他著／定価3740円（税込）／2011年12月発行／有斐閣

概要・特色▶ 5人の学者が分担し、政治学のあらゆる論点を解説した大学教科書。ソフトカバー 564ページ。

内容評価▶国家総合職の出題のタネ本。かなりの部分が、この本から出ていることが多い。特に、新傾向問題とか、見たこともない論点で、試験場で話題になった問題は、分析してみるとこの本で扱っていることもよくある。

　しかし、言うまでもなく×だ。教科書だけでは、どこが問題となるポイントなのかまったくわからないので、能率は異常に悪い。普通の受験生は、こんな本を読んでいるヒマはない。問題集を一問でも多くこなすべきだ。

公務員試験
はじめて学ぶ国際関係【改訂版】
悪くはないが良くもない

高瀬淳一著／定価1320円（税込）／2006年9月発行／実務教育出版

概要・特色▶『まるパス』の著者が、国際関係を8章に分けて講義形式で解説。ハンディタイプ。2色刷り。

内容評価▶名著『まるパス』の著者の本。語り口調で書いてあり、分量も適切で、決して悪い本とまでは言わない。割合さらっと読めるので、持っていてもいい本ではある。が、国際関係も、特に解説するほど難解な概念があるわけでもなく、直接問題集をやったほうが速い。また、国際関係は最新の時事が出題され、この本はそろそろ古くなってきている。あえて当書をこなす必要はない。

jijiたんの勉強法コラム⑤

勉強のSTEPを意識すべし

　私はこれまで、いろいろな試験に合格してきましたが、何かの勉強を始めてから合格するまでのSTEPはすべて同じでした。試験の難易度にかかわらず、以下のSTEPの通り勉強することは非常に重要です。

STEP 1：試験制度の概要把握、過去問把握

「敵を知り己を知れば百戦危うからず」とは孫子の言葉ですが、これは受験にも当てはまります。まずはどのような形式？　合格点は？　試験日は？　受験資格は？　などの試験制度自体を把握することから始まります。そのうえで少し意外かもしれませんが、この時点で過去問を見ます。もちろん解けるわけはないのですが、最終的にどのような試験を受けるのかを把握することで、その後の勉強への意識が大きく変わります。

STEP 2：知識のインプット中心の勉強

　試験制度と過去問を把握したら、次は授業を受ける、参考書を読む等の知識のインプットを行います。ただ、この時も問題集を進捗に合わせて解くなど、問題を意識した勉強は必要です。

STEP 3：知識のアウトプット中心の勉強

　知識のインプットが終わったら、そこからは過去問や問題集を大量高速回転していきます。いつまでもSTEP 2のままだと永遠に問題を解くことはできませんので、解けなくて構わないので問題にアタックしていきます。解けるようになった問題はどんどん回転の対象から外していき、解けない問題を回転することで解けるようにしていきます。

STEP 4：模試の受験

　STEP 3と並行して、予備校などが行っている模試を受けることは必須です。本試験のスケジュール確認、問題ごとの時間配分の確認、他の受験生と比較した自身の進捗の確認など、模試から得られることは数多くあります。必ず、本試験だと思って受験するようにしましょう。

経済系科目
（心理学・教育学を含む）

受かる勉強法・参考書はこれだ！

限られた時間で"嫌われ科目"を
しのぎ切る方法

⋰⋰ミクロ経済学・マクロ経済学⋰⋰

▷一大嫌われ科目—うまく乗り切るには

受験生を悩ます、嫌われ科目である。

国家一般職ではミクロとマクロに2分割され、ますます悩ましい科目になった。だが現実には、地上で10題前後出題され、捨てれば即不合格を意味する科目である。

「捨てよう」「国家一般職専願にしよう」というのは、よほどせっぱつまった超非常事態なら別だが、まったく勧めない。短期で完成できる方法があるのだから。

ただし、知識を寝かせたほうが有利なので、早期から勉強を始めたほうがいい。一刻も早く始めたい。

▷必要な下準備

下準備として、簡単な微分（三次関数までできればOK）と指数法則だけは押さえよう。

数学というだけで嫌悪感を持つ人もいるかもしれないが、

x^n を微分すれば nx^{n-1} になる

というのと、

指数のほうは

$a^n \times a^m = a^{(n+m)}$

という程度の、本当に簡単な準備でいい。

そこまで終わったらさっそくスタートだ。

▷ 攻略レシピ

『最初でつまずかない経済学　マクロ編　ミクロ編』と
『スピード解説』（ともに実務教育出版）を読み、
問題をマスターする。 　2カ月

残り時間で「スー過去」を覚える。

問題集の読み直し。

　経済の入門書はわかりやすいものが続々と出ている。『新・
らくらく　経済学入門』（263ページ）や、『速習! マクロ経
済学』（262ページ）も捨てがたいが、公務員試験に特化し
たという意味では『最初でつまずかない経済学』（261ページ）
が一番いい。まずはこの本を使うことを考えよう。

▷ 使ってはいけない本

　実務教育出版の『はじめて学ぶミクロ経済学』『はじめて
学ぶマクロ経済学』は、とうてい「はじめて学ぶ」人のため
に書かれたとは思えないほど難しいので、話にならない。
　もっと、敷居が低い本から入らないと、やる気が失せてし
まう。

▷ 経済はわかりやすい理解本の補助が必須だ

民法や数的推理や経済といった受験生泣かせの科目で、予備校講義本やそれに類似したわかりやすい本を使っているかどうかが、受験対策を早く終わらせるためのカギの一つ。これは絶対の原則である。

また、最近はYouTube等の動画講義（経済学では石川秀樹氏など）が充実している。時間に余裕があれば使うのもアリだ。

▷ わからなくても先へ進む

とにかく、**多少わからないところがあってもざっと通読してしまうのがポイント**で、完璧に理解しようとしてはいけない。また、何度も読むのは意味がないので、1、2回通読すればいい。**主役は問題**だ。問題集をやっていくうちに、なんとなくわかってくる、ということが非常に多い。

▷ 『最初でつまずかない』のこなし方

とにかく一読したら、問題に取り組む。**この本は解説本というより問題集だと思い、説明の文章より、問題中心にこなすのがポイント**。説明が比較的わかりやすい問題集はこれしかない。**いきなり過去問集をやるのは経済学部出身者以外は無理**だ。

▷ 問題集の潰し方

問題は当然考えてもわからないので、ひとまず解説を読んで解き方を覚える。そしてその場でもう一度解いてみる。これをその場で解けるようになるまで繰り返す。

経済の場合、「その場で解き直す」のを省いて次の問題に進むと、その問題は永久に解けるようにならないので、ここは一大注意点だ。その場で3回でも4回でも、解けるまで繰り返す。『最初でつまずかない』と同じ著者の『スピード解説』も同時にこなしたい。

▷ 深い理論の裏づけは要らない

その際、理論をはっきり理解している必要はない。マイナスとマイナスをかけるとなぜプラスになるのかわからなくても、(−1)×(−1)が1になるのがわかるように、背景の理論を理解していなくても、問題はなぜか解けてしまうということはよくある。

▷ 時間があれば

余裕がある人はこのあと「スー過去」に取り組めばいい。が、必修問題だけで十分。必修問題がほとんどできるようになってから、他の問題も覚えるという使い方にしないと本番には間に合わない。民法と同様、全問マスターしようとは思わないで、つまみ食い程度にとどめておくのがポイントだ。

経済の本の解説には聞いたことのない言葉がたくさん出てくるが、あきらめずに解説を熟読してなんとか理解しよう。

7割ぐらい理解できれば十分だ。

そのうち、何問かは「ああ、公式に代入して計算するだけだな」ということがわかってくるので、このレベルへの到達を目標にしよう。こなした問題数よりも、確実に解ける問題数のストックを溜めていくことが重要なのであって、その点はくれぐれも注意しないといけない。

▶▶▶**コラム**◀◀◀ **グラフ**

一次関数は直線で、100上がれば上に100シフトする。経済では文章で言っていることをグラフで表現することも多いし、それを理解したほうがはるかに勉強の進み度合いが上がる。基本的なグラフの知識（特に平行移動）は、数学を捨てていても持っていたほうが無難である。図やグラフで表現できれば、あっという間に理解できることは少なくない。

▷ 基本問題が取れればいい!

公務員試験は出題範囲が膨大なため、常に"時間対効果"を考えて勉強を進めるべきだ。近年の公務員試験では難易度がばらついており、ひねった問題は極端に正答率が落ちるので、**基本問題が取れればいい。それ以上の難問まで解こうとすると、3倍以上の勉強時間がかかってしまう。**目標は6〜7割取れそうだというライン。ここまでの勉強で十分可能だ。捨てると致命傷だが、深入りはしないというのが極意。

▷ **実際の出題例**

　完全競争市場の下にある産業において各企業の長期費用関
数が

$$C = 2x^3 - 24x^2 + 120x \quad (C：総費用、x：生産量)$$

で示され、全ての企業で同一であるとする。ただし、生産量
x は0より大きいものとする。
　このとき、この産業の長期均衡価格はいくらか。

1．48
2．50
3．56
4．66
5．72

（国家一般職　専門［行政］ミクロ経済学）

毎年出題される、ただ微分して計算するだけの問題。

完全競争の長期均衡では、損益分岐点で生産を行う。

平均費用ACは総費用Cを生産量xで割ればよいので、

$AC = 2x^2 - 24x + 120$

ACをxで微分して0とおけば損益分岐点が求まるので(そういうものだと思っておけばよい。**なんとなく微分して解けてしまうことがよくある**)、微分すると

$4x - 24 = 0 \quad x = 6$

このときのACは$2 \times 6 \times 6 - 24 \times 6 + 120 = 48$

数式を見ただけで敬遠していませんか？というだけの問題で、まったくのサービス問題。

行政系科目が難化している以上、この手の楽勝問題が出る科目を選択しない手はない。

ある小国の経済は変動相場制を採用しており、次のように示されているとする。

$Y = C + I + CA$

$CA = 10 + 2e - 0.2Y$

$C = 10 + 0.8Y$

$I = \dfrac{1}{i}$

$M = 2Y + \dfrac{4}{i}$

$\left[\begin{array}{l} Y：国民所得、C：消費、I：投資、CA：経常収支 \\ e：為替レート、i：国内利子率、M：貨幣供給量 \end{array}\right]$

国家間の資本移動が完全であり、世界利子率が0.02であるとする。さらに、$M = 1,800$とする。このとき、為替レートeはいくらか。

1．100
2．110
3．115
4．120
5．125

（国家一般職　専門［行政］マクロ経済学）

　　毎年出るマクロのただの計算問題。

　　要は、**たくさんある足し算に代入していくだけだ。**

世界利子率＝国内利子率で0.02

$I = \dfrac{1}{0.02} = 50$

また、5番目の式より $1800 = 2Y + \dfrac{4}{0.02}$

$1800 = 2Y + 200$　　$Y = 800$

$Y = C + I + CA$ にそれぞれ代入して

$800 = 10 + 0.8 \times 800 + 50 + 10 + 2e - 0.2 \times 800$

$e = 125$

経済系周辺科目
財政学・経済事情

▷ 経済が好きな人にはお勧め科目

経済が好きなら選択しても悪くない。単純な計算問題はマクロとミクロで出題され、財政学・経済事情では時事的な問題が多く出題される傾向にある。要は時事を押さえておけばいいので、お勧め科目の一つである。

▷ 勉強の時期と方法

勉強する時期は、ミクロ経済学・マクロ経済学が終わってからだ。経済原論が終わってからのほうが理解しやすく、勉強の能率がいい。

経済原論の理解さえできていれば、ほとんど暗記で片がつく楽勝科目だ。

使う教材だが、**「スー過去」だけで十分**だ。古い問題は、役に立たないので全部飛ばす。一応調べるための本として、「Vテキスト」（243ページ参照）を持っておく（他の予備校系の類似本でもよい）こと。通読している時間はまずないので要注意。他は、時事対策に『速攻の時事』（186ページ）を徹底的に読み込む程度で、十分合格点は確保できる。

あとは『直前対策ブック』（実務教育出版）に最新の経済事情や時事が載っているので、そこは読んでおくと点数を拾える可能性は大いにある。

経済原論を一通りやってから
「スー過去」を正文に直して読む。

『直前対策ブック』（実務教育出版）を読む。

▷ 面白い科目だが、勉強しづらい

　他の科目とかぶる部分があまりないので、勉強しにくい。常識で解ける問題もあるし、勉強していて面白い科目なことは確かだが、いかんせん、肝心の本試験問題の難易度が年度によってばらつきすぎで、あまり選択を勧めない。選択する場合は、「スー過去」を正文にして覚えていこう。テキストは辞書代わりに「Ⅴテキスト」を持っておく。通読の必要はない。

「スー過去」を正文に直して読む。

会計学

▷ 選択はしないこと

　東京都Ⅰ類の記述で選択可能だが、問題集が少なく、初心者向きとも言えない。商学部や経営学部出身者以外には選択を勧めない。

心理学・教育学

▷ 選択はお勧めできない

　この科目は難易度が年によってばらついているのが実情だ。「スー過去」は発売されているが、教育学科や心理学科出身でない限り、選択は勧めない。

○○○○受かる受験生のパターン○○○○
- 導入は『最初でつまずかない』だ
- 必要以上に深入りしない
- 問題集は必ずその場で解き直す
- 早くから勉強している
- 本番では6～7割の得点でいいと割り切る
- 経済に出てくる数式なんてたかが知れている

××××落ちる受験生のパターン××××
- わからないので捨てた
- 予備校に通ってみたが、問題を解けるようになっていない
- 問題集は答を見ておしまい
- 数式が出てきたらお手上げだ
- 「スー過去」から始めて、わからないので諦めた
- わからない問題があると先へ進めない

公務員試験
最初でつまずかない経済学
マクロ編　ミクロ編

実務教育出版渾身の一冊

村尾英俊著／定価1980円（税込）／2010年12月〜2011年1月発行／
実務教育出版

概要・特色▶経済の各テーマを教養試験レベル、専門試験レベルに分けて徹底解説。２色刷り。グラフ・図多数。

内容評価▶経済のわかりやすい入門書。実務教育出版が、公務員試験に特化させて、満を持して出版した一冊。

「らくらく」や「速習」に比べると分厚くてとっつきにくいのが難点だが、内容はきわめて真っ当。必要な数学事項の解説はものすごくていねいだし、理屈より問題を解けるようにするというコンセプトが非常に好ましい。

　読んでいるうちに、いつのまにか問題ができるようになるし、過去問が見たことのある問題だらけになることもうけあいだ。

　解説もとてもていねいで好感が持てる。すべて国家一般職や地方上級レベルの過去問を使い、例題形式で能率的に学べる。このシリーズと同じ著者が書いた『スピード解説』をマスターしてから、「スー過去」に移るのが、同じ出版社でもあり、一番しっくりくるかもしれない。

　教養対策にも注意を払っているところも好ましい。国家一般職では一般知識が１科目１点になったぶん、選択した科目が取れない事故が容易に発生する。政治・経済できちんと点数を取っておくことが絶対に必要になり、その意味で当書は万全といえる。

　取り組み方としては、解説もさることながら、問題中心にこなしていくことが大切だ。解説を流し読みしつつ、まずは出ている問題を解けるようにする。それを繰り返すうちに、解説の理解も深まる。

　ともあれ、受験生泣かせの科目で優れた本が出たことは、素直に喜びたい。お勧めだ。

試験攻略入門塾
速習! マクロ経済学 2nd edition
経済学入門書の革命

石川秀樹著／定価2640～2860円(税込)／2019年3月発行／
中央経済社

概要・特色▶「新・経済学入門塾」の改訂版。2019年改訂。マクロ編、ミクロ編、基礎力トレーニング編、過去問トレーニングマクロ編、過去問トレーニングミクロ編がある。

内容評価▶この本の前身「経済学入門塾」が出版されて、経済の勉強事情は大いに変わった。それ以前のわけのわからない科目から、やればそれなりに理解可能な科目へと変化したといえる。2015年に問題演習編の「基礎力トレーニング」編も出版され、**公務員試験対策がこのシリーズだけで完結するようになり、ますます充実度を増した。**

　難しい数式の代わりに、言葉とグラフで理解させるという、数学が苦手な人にも親切な説明だし、勉強を進めるにつれ、自然と必要な数学（微分など）は理解できるようになっている。ビジュアル要素もふんだんに取り入れ、重要部分が明快にわかる。大変身に付きやすい構成だ。**入門書として、一度は選択を検討すべき本である。**

　さらに、解説の無料動画もわかりやすい。かなりボリュームがあり、全部見ると相当時間を食うが、真に得点力をアップさせたい場合、一度は見ておくべきだろう。

　公務員試験には現在「最初でつまずかない」「らくらく」という2つの強敵が存在する。当書は動画まで見るとなると分量の面で一段落ちるが、**解説が優れているのは間違いない**ので、読んでみて相性がいいと思ったら、十分使える本である。

　なお、過去問演習編として「過去問トレーニング編」も必ず買うように。最新の問題をきわめてわかりやすく解説し、即得点になる編集だ。

試験対応

新・らくらく　マクロ経済学入門
新・らくらく　ミクロ経済学入門

公務員試験の経済の
初期問題演習として最適

茂木喜久雄著／定価2420円（税込）／2021年1月発行／講談社

概要・特色▶経済の各テーマをわかりやすく解説。図やグラフを多用し、重要事項は「key point」でまとめてある。他に「計算問題編」の全３冊シリーズ。

内容評価▶定評ある書籍が版元を変えてリニューアル。「速習！マクロ経済学」同様、極力かみ砕いた解説で、経済の各トピックスを何とかわからせようという構成になっている。特筆すべきは、入門者向けに国家一般職、地上、国税などの問題を改題した例題が随所に入れてあり、実際に出題されたナマの問題を通して理解できる点だ。解説・解答も問題のすぐ下にあり、非常に学習しやすい。解説も話し言葉でただの過去問集より数段早く理解できる。**今まで適切な問題集がほとんどなかったなか、画期的な構成と言える。**

　理論の解説にも身近な例を用い、数学的なことも極力ていねいに解説している。各項目別に学習のポイントがわかるので、かなり能率よく経済の概略がマスターできるはずである。取り組み方としては、軽く本文を読んだら、とにかく載っている例題の答を見て、それを自力で解きなおしてマスターしていくこと。「計算問題編」までこなせば、**このシリーズだけで国家一般職、地上の合格点レベルに達することが十分可能だ。**

　注意点としては、解説を読んでもわからない問題がいくつかあるかもしれないが、そういう問題はためらわず飛ばすこと。だいたいマスターできれば十分合格レベルだ。「スー過去」までやるのは、今まであげた３シリーズをマスターしてからの話だ。経済は公務員試験のヤマ。勉強しやすい方法で少しでも能率よく攻略していくことを、心からお勧めする。

宮本裕基のスッキリわかるミクロ経済学
たいしてスッキリしない出来

宮本裕基著／定価1650円(税込)／2007年4月発行／東京リーガルマインド

概要・特色▶ＬＥＣ講師がマクロ経済学、ミクロ経済学を講義形式で解説。随所にイラスト入り。２色刷り。図多数。

内容評価▶経済学なんかこわくない象！と、象のキャラクターをあちこちに出しながら解説していく講義本。説明はまずまず理解しやすいが、問題が少なすぎる。もう少し問題量を増やさないと、とても本番の試験には対応できない。つまり、当書は別に問題集を必要とする構成であり、だとすれば「最初でつまずかない」や「らくらく」、「速習！マクロ経済学」を使ったほうがはるかにマシ。**キャラクターがすべっているように、本の出来としても題名に反していま一つスッキリせず、すべっている本である。**

マップでわかる経済学
マクロ編　ミクロ編
良書3冊への対抗馬となるか

高橋義憲著／定価1980円(税込)／2018年12月～2019年2月発行／エクシア出版

概要・特色▶人気講師の講義レジュメを再現し随所にマンガ等も駆使して解説。章末に公務員試験の過去問を配置。

内容評価▶経済学は『速習』『らくらく』『最初でつまずかない』の三つ巴の状況だが、そこに割って入る一冊。当書は章末にミクロ・マクロそれぞれ40問程の公務員試験の過去問が掲載してあり、基礎固めに最適。他の本と同様、問題演習を中心に何度も復習することを勧める。今後、過去問編等の演習本が発売されれば、有力な対抗馬となるだろう。この本の「はじめに」にも書いてあるように、早く最後まで読み切り、回転数を上げる勉強法が王道である。

論文・面接試験

受かる勉強法・参考書はこれだ!

論文は作文ではない!
面接は必要以上に恐れるな

論文

▷国家一般職も点数化されるように!

　国家一般職や地上で教養論文、東京都I類で専門論文の出題がなされる。国家一般職の成績開示で点数が読みやすくなった。**6段階評価だが、1と6はつかない。**5（高得点）と2（足切り。即不合格）は全体の5％程度。残りは4か3だ。

　そして、2がつく人は字数が大幅に足りないか、そもそもまったく見当違いのことを書いている人などで、無対策でない限りそんな点数はつかない。地上もほぼ同様で、配点が大きくても段階の数は少ないと予想される。

　つまり、受験生の平均的な論文を書けばいいだけで、過剰に恐れる必要はない。ただ、まったくバカにしていると直前に泣きを見るので要注意だ。

▷出題テーマ

　教養論文のほうでよく出されるテーマとしては

　　公共事業

　　少子化対策

　　環境問題

　　子育て支援

　　人口減少対策

　　高齢者支援

教育問題

非正規雇用

能力重視の人物制度

公務員のあり方

住民の行政参加

住民の多様性の受け入れ

受験する（県）市への提言

危機管理問題

財政健全化

観光や産業の支援

NPO／ボランティア

貧困と生活保護

グローバル化・感染症への対応

などがある。

　専門や教養の勉強が進まないうちに、これらの準備をしてもまったく意味がないし、そもそも受験生の答案のレベルは低い。普段は時事の勉強で代用しておけば十分だ。

　かといって、放置しておき、本番で作文のような答案を書いてしまうと、不合格点がつきかねない。論文と作文は違うものだ。まったく勉強しないのは望ましくない。

▷ 対策に最適の本

　対策としては『１週間で書ける!!　公務員合格作文』（281ページ）を読むことを勧める。

これを読み飽きたら、『論文試験頻出テーマのまとめ方』（281ページ）のうち、出そうなテーマだけを1日1つぐらい読んでおけば十分だ。

『1週間で書ける!!　公務員合格作文』（三修社）
を2回読む。

▼

『論文試験頻出テーマのまとめ方』（実務教育出版）
を答案例中心に拾い読みする。

だけで、基本的に対策は終了だ。

▷論文を自力で書くのは無駄

注意すべきは、**自分で書いてもまったく得点力は上がらない**という点である。まして、添削なんかしてもらっても効果はゼロ。そんなヒマがあったら模範解答の読み込みにあてたほうがずっと速い。**模範解答を何個、何回読んだかで勝負がつく**といってよい。

だから「論文の書き方」のような本はあまり使えないし、書き方より実際書いてある答案を読んだほうがいい。本の選択の際は、模範解答が何個載っているかを基準にしよう。書き方を知っていても、答案例を読んでいないと実際には書けないものだ。

▷専門論文の攻略

専門論文のほうは、模範解答が付いている教材を選択する

のが無難である。『専門記述憲法』（ＴＡＣ出版）で十分。これらの答案をひたすら読み込もう。**やはり自分で書く必要はない。**

▷**大げさな勉強は不要**

　総じて、準備としては答案を読んでおくだけで、勉強の気分転換ぐらいに考えておけば十分だ。普段の勉強は教養と専門を中心にしよう。

▷**本番では下書きをしてはいけない**

　本番では、大体の答案構成をフローチャートなどでやったら、あとは一気に書き上げよう。下書きをしていると、時間不足になり、時間内に終わらないという悲劇が待っている。模範解答をたくさん読んでいれば、論文の作法は身についているはずで、一気に書けるはずだ。

○○○○**受かる受験生のパターン**○○○○

・相対評価なので「人並み」の答案を目指す

・解答の読み込みに徹し、自分で書く手間を省く

・論文の頻出テーマを知っている

××××**落ちる受験生のパターン**××××

・自力で書いたものを添削してもらっている

・模範解答本を持っていない

・なにも対策しない

面接

▷ 面接を恐れるな

　国家一般職は実質5段階評価だが、例によって最高と最低はつかない。**実質3段階評価だ。**地上も配点が高いところが多いが、国家公務員から大きく外れた採用をするとは考えにくい。

　やはり、3から5段階評価で決めていると考えられる。そして、最低の評価は絶対に食らわない。面接対策としては、ふだんから勉強の合間に想定問答などをなんとなく考えておくだけで十分で、あとは直前に集中的にやれば十分だ。必要以上に恐れる必要はまったくない。

▷ 筆記は依然大切

　とはいえ、毎年面接で涙をのむ人がけっこういるのもまた事実。市役所などでは競争率が3倍を超すところもある。そうすると、筆記で落ちたというよりは、面接で落ちたと思うほうが精神衛生上いいのもあって、**「公務員試験も事実上面接で決まる」という神話が作られつつあるが、これはあくまで神話にすぎない。**まだまだ筆記の重要性は高い。ゆめゆめ騙されないように。筆記試験の点数をきちんと取っていれば、無難に通過できる場合がほとんどだ。一般企業の面接ではないので、落ちないような対策をしていれば十分だ。普通の常識を持っていますというアピールができればいいということだ。

▷ しかし、こんな人は落ちる!

それでも、落ちる人は落ちる。

アルバイトの面接で落ちた人もいるだろうし、そもそも採用側になれば、10人に1人ぐらい落とす人が出るものだ。では、どういうタイプがまずいのか、ごく簡単に見ていく。

1　話を聞いていない人　本当に多い。聞いてもいない自己PRを延々と熱く語って面接官をイライラさせたり、面接官の問いにストレートに答えずに話題が迂回したり、集団討論で話がまとまろうかというときに、また別の話題を持ち出したりして議論をやり直させたり、周囲にも必ずいるタイプだ。聞かれた質問に答える。聞かれていないことには勝手に答えないという原則はきちんと守るようにしよう。

2　浮く人　基本的に公務員は保守的な組織なので、あまりに個性的な人や自己流な人は嫌われる傾向がある。自己PRの定番で、困難を乗り越えたエピソードというのがあるが、このときは必ず誰かと協力してというニュアンスを入れるようにしよう。一人で何かを成し遂げたというのはあまり好まれない。協同で仕事をしていこうという気を持たせることができないからだ。

また、受験生は面接でホームランを狙いがちである。これは民間企業では通用するが、公務員試験では間違っているので気をつけたいところ。**ホームランを狙って得意分野をベラベラ話したところで、だいたい見当違いなことが多く、ほと**

んどの場合逆効果だ。つまり、かえってマイナスなのである。もっと平凡な対応でかまわないのだ。これは、多くの受験生が思い違いをしているところなので気をつけよう。本番で浮かないように、事前に模擬面接でトレーニングしておこう。

3　潰れる人　公務員にかぎらず、社会はストレスが多い。そこですぐ潰れて、仕事に穴を開けるようだと採用する側は困るので、そうはならない人を求めている。そこで求めているのは、ある程度圧力をかけても潰れない人ということになる。**過去に「潰れた」経験として、浪人や留年や退職を気にする人もいるだろうが、それは本人ほど採用側は気にしていない。**問題は、過去ないし未来のストレスに対してどう対処するかを聞いてくるので、それに対してどういう見方をするか、どう対処するかを複数いうことだ。**内容より数が問題だ。**ストレスに対して、一つの見方や一つの対処しかできないと、どうしてもこだわる可能性が高まり、潰れやすくなる。複数の回路を持っているアピールをしておけば大丈夫だ。

4　上から目線の人　面接官は、たいてい受験生の親世代のおじさんおばさんだ。**世の中には、本人としては普通に話しているつもりなのに、なぜか年上に不快感を持たせる人が一定数存在する。**これは主に話し方が原因で、どこか生意気だったり、表現がストレートすぎたり、でしゃばりすぎていたりすることがほとんどだ。こうなると、話の内容以前に必ず低評価になってしまう。面接時間内だけでも話し方を柔らかく

するように、事前の練習が必要だ。また、機会があればおじさんやおばさんと話をしておこう。それだけで面接の評価が違ってくるはずだ。

5　なぜ公務員なのかわからない人　本音は安定しているから、残業が少なそうだからというような安直な理由でもかまわないが、それが短時間の面接でばれてしまうぐらい、志望動機や自己PRの掘り下げ方が甘いようだと、事前の準備不足ないしはコミュニケーション能力の不足とみなされ、大幅なマイナス評価になりかねない。

　なお、面接本ではよく「志望動機にオリジナル要素を入れろ」と書いてある。これを勘違いして志望動機や自己PRによくできた話を作っていく受験生がいるが、だいたい会場でばれて悲惨なことになるので、**作り話はやめたほうが無難である**。

　面接対策は、何といっても『**公務員試験　現職人事が書いた「面接試験・官庁訪問」の本**』（279ページ）を読むことに尽きる。ここ数年で、大量の公務員向けの面接本が出版されたが、ほとんどすべてが一般企業向けの就職面接本を流用しただけである。公務員向けに特化した本の中で優れているのはこの本だ。とにかくこの本を読み、自分なりの想定問答を作っておくことをお勧めする。

▷ **コンピテンシー面接とは?**
　国家総合職では、かなり前から「コンピテンシー評価型面

接」を実施している。コンピテンシーとは、高い業績をあげる人が共通してもつ行動パターンのこと。この特性を多くもっている人物を採用しようというもので、民間企業ではすでにかなり導入されている。

コンピテンシーの具体的項目は「積極性」「社会性」「信頼感(責任感)」「経験学習力(経験をもとに課題を達成する力)」「自己統制」「コミュニケーション能力」だとされている。

とはいっても、あまり難しく考える必要はない。要はPDCAサイクルを回せるかどうかを見ている。志望動機や自己PRを、P（plan 計画）D（do 実行）C（check 評価）A（act 改善）に沿っているかどうかを、きちんとチェックしておこう。

また、自己PRや志望動機、学生生活で得たことなどをコンピテンシーにつなげるには「経験を通して得た能力は何か」を常に意識していることが求められる。その際、具体例は必須。抽象的な回答ではダメだ。実際に自分が得た能力を、自分自身の言葉で語っていこう。

▶こういう人物に見られないように注意!

コンピテンシーの反対の概念が「問題特性」だ。「問題特性」をもった人間に見られないように注意しなければならない。「問題特性」とは、仕事の能率を下げる人間のこと。具体的に一般企業で使っている採点項目でいえば、「相手の話を共感的に聞けない」「一緒にいて退屈だ」「打ち解けるのが下手だ」「話が唐突で、すぐには話の意図が伝わらない」「極端に暗い」「表情が乏しい」「人を軽んじる発言を平気です

る」「国語力が低い」「身勝手」「エキセントリック」「単調で遊び心や余裕がない」「つかみどころがない」「自信過剰」「フィードバックしても軽く聞き流す」「理解力が低い」というようなものが「問題特性」だ。これがあると、面接の評価は極端に低くなる。こういう人間に見られないよう、注意しなければならない。あとは学科試験のほうに全力を傾けよう。

　また、**受験生が陥りがちな罠として、「面接でいいところしか言わない」というものがある。**これは、はっきりいって「落とせ」といっているようなものなので、気をつけよう。面接官が知りたいのは、受験生がどのような問題をどのような手法で乗り越え、どのような具体的能力（コンピテンシー）を身につけたか、だからだ。

「協調性」を十分踏まえて発言内容を構築することも大切だ。学科が高得点でも、声が小さい、その場から浮く、空気が読めないようでは落ちる。面接官の質問内容を正確に理解して、聞かれたことをしっかり答える訓練をしよう。

　特に圧迫面接に注意。ここで動揺せず落ち着けるかどうかが、合否を分けることも多い。

▷ こんな志望動機には要注意

　公務員志望者に多い受け答えが「地域貢献がしたい」、「人の役に立ちたい」というものだが、**これらは志望理由としては不十分だ。**すべての社会人が何らかの形で社会貢献しているのだから、具体的にどのような貢献がしたいのかをはっきり述べる必要がある。

では、どのような点に注意していけばいいのだろうか。

▷ 話は1分以内にまとめる

　初対面の人に延々と自分語りをされたらどう思うだろうか？　受験生レベルの自己PRなど、よほど能力や実績のある人以外、たかが知れている。なるべくさらっと話を打ち切り、むしろ面接官の話を聞く姿勢がほしい。

▷ 抽象論はしない

　机上で模範解答を考えていくと、ついつい理想的抽象論になりやすい。聞いていて全く印象に残らない。それを防ぐには、とにかく話に具体例を混ぜる。また、問題提起をされたら、必ず対策を述べる。地方自治体であれば、その自治体の問題点に引きつけた個別具体的な対策が必要だ。

▷ コミュニケーションを意識する

　面接官の目を見て話す（面接官側に立つと、目を見て話せていない場合が相当ある）。また、相手に聞かれたことに答えるように。どうでもいい一方的なPRは、やればやるだけ逆効果だ。

▷ 志望官庁、自治体の知識を持つ

　特に地方上級では、なぜ国家公務員ではなくてその自治体なのかを突っ込まれる。そのためには、事前に自治体の知識を仕入れることが欠かせない。各自治体が「長期総合計画」

を公表している。これを何度も読み、最新データを盛り込みつつ、論文・面接でアピールしたい。

▷ 議論しない

面接官の言うことは基本的に全部受け入れる。その上で、「確かにそうなのですが、自分はこう思う」と、控えめに自分の考えを言っておく。正面から論破しようとしたり、ごまかし抜こうというのはよくない。

▷ 否定的なことは言わない

できない。無理。ダメ。やっぱり。どうせ。どの面接本を見てもタブーと書いてあるが、それでも言いかねないのがこれらのネガティブワードだ。謙虚に見せようと思う意識がかえって問題になる。

▷ 受けを狙わない

民間企業では、とにかく目立てばいいという観点から、武勇伝を大げさに語ったり、奇抜な答えをする人がいる。これは、公的機関たる公務員ではアウトだ。人の和を大事にする、みんなと仲良くやっていける人物という路線で通す。

▷ 言葉遣いに要注意

「じゃないですか」「的な」「とりあえず」「してみました」「ウザい」など、日常的に使っているかもしれないが、面接ではイメージを損ねる言葉が実はたくさんある。

▷ 最後に質問する

　面接の最後には「何か質問はありますか」と聞かれる。この際に「ありません」と答えてしまうと要注意。何でもいいから必ず質問をしよう。**質問がないと、「志望度が低い」と受け取られかねないからだ。**

　面接は、なかなか自分一人では対策を立てにくい。予備校の面接講座に行くのもありだろうし、一般企業を受けるのもありだろう。とにかく、数をこなすのも、対策のうちだ。

○○○○**受かる受験生のパターン**○○○○

・必要以上に面接を恐れない

・コンピテンシーを理解している

・志望動機・自己PRを整理して述べられる

・面接で問題のある人間に見られないような意識をもっている

××××**落ちる受験生のパターン**××××

・市販の面接本で間に合わせようとしている

・面接の「問題特性」をわかっていない

・回答が抽象的で自分の言葉が入っていない

・自分のコンピテンシーをアピールできない

・面接の最後に質問しない

公務員試験
現職人事が書いた「面接試験・官庁訪問」の本
【2022年度版】

面接対策にまず必要

大賀英徳著／定価1320円（税込）／2021年4月発行／実務教育出版

概要・特色▶現職の人事課長補佐が面接、官庁訪問の概要と注意点を詳細に述べた本。毎年改訂の年度版。

内容評価▶公務員の面接対策本は山のように出ているが、相対的に当書がよくできている。他の本ではなかなか扱わない集団面接や官庁訪問のことまで扱い、１冊で面接のすべてがカバーできる上、想定問答や注意点も豊富に掲載されている。**国家総合職がコンピテンシー面接を導入し、国家一般職や他の自治体も同面接を導入してきているが、きちんとそれに対応し、明確な判断基準まで載せている点が特筆できる。**

　面接対策は、当書をしっかり読んで研究しておくことに尽きる。

　学科試験が終わってしまえば、残りは面接と官庁訪問、最終採用という流れだ。そして、**面接の配点は高い。**学科試験が終われば、最終採用になるかどうかは、面接の出来次第で決まってくる。重要な試験なのだが、面接対策がきちんとできていない人も数多い。また、一般企業向けの面接本で間に合わせている人も多いが、一般企業と公務員の面接は微妙に違う。**他の本は就職本の流用がほとんどで、公務員試験に特化したものとは言えない。**公務員試験の面接を余すところなく語っている当書を読んでおけば、他人に差をつけるきっかけになるはずだ。

　なお、この本を読むときに注意したい点がひとつある。あまりに要求水準が高すぎて、受験生が萎縮しかねない点だ。率直に言って、この本に書いてあることを全部マスターしなくても悠々合格する。実際の面接は、もっとあっさりしているし、受験生のレベルが低いことも多い。当書を参考にして想定問答を作っておけば十分で、それ以上に恐れないように。

現職採点官が教える!
合格面接術【2022年度版】

マンガでわかる面接本

春日文生著／定価1320円(税込)／2021年3月発行／実務教育出版

概要・特色▶現職採点官がマンガを使い、受験生の陥りやすい面接の盲点について解説していく。2色刷り。

内容評価▶面接対策としてはまず当書のマンガを読んでいくのが一番速い。頻出の質問に対し、受験生のよくあるダメな応答と、それに対する講評が、マンガで能率よく頭に入る。新型コロナ対策の記載があるのも◎だ。

当書の「本当の採点基準」は鵜呑みにする必要は全くない。ここまで配慮して自分を冷静にアピールできる受験生は全体の1%もいない。これは、あくまで理想だ。**では、何をみるのかというと、むしろこの本に出ている「悪い例」のほうだ。**マンガつきで多数実例が出ている。実際こんな人いるの?というほどひどい例がたくさん出ているが、実際いるのだろうし、これらを即不合格にしていたら、採用する人がいなくなってしまうという「現職採点官」の嘆きが聞こえてくるようでもある。つまり、「悪い例」でも多数合格させているはずで、**面接のボーダーラインは、当書の「悪い例」程度ではないだろうか。**本当の「即落ち」は、活字にできるレベルではない。

受験生は、ともすれば合格よりはるかに先の高尚なレベルを求めてしまいがちである。書物や予備校講師も、ついついそういうレベルを想定して書いてしまう。しかし、実は受験生の真に知りたい情報というのは、1000人中990番目の人のレベルというような、合格最低レベルなのだ。**当書は、はからずも、「悪い例」を通じて、その最低レベルがリアルに描写されており、きわめて参考になる。**是非一読されたい。これよりちょっと上をいけば合格だ。もちろん「よい例」になるにこしたことはないが、それはあくまでおまけである。まずは「悪い例」脱却を目標にしよう。

地方上級・国家一般職・市役所上・中級
論文試験 頻出テーマのまとめ方
【2022年度版】
論文対策の決定版

吉岡友治著／定価1540円(税込)／2021年3月発行／実務教育出版

概要・特色▶豊富な過去問情報を基に、頻出テーマに絞って詳細な解説を施す。最新年度の自治体別出題例一覧つき。

内容評価▶実務教育出版でも出色の出来。**巻頭の各自治体の出題例一覧は、地方上級や市役所を受ける人には必須と言える。県別の出題傾向をつかもうと考えるならば、事実上この本以外では不可能である。**分量が多いので、読み方には要注意。まずは志望自治体の傾向を確認して、答案例を読み込み、順次解説に逆戻りするような読み方をしたほうがいい。核となる答案例を頭に入れるのが先決。中途半端に全部読もうとして、マスター度合いが低くならないように。

1週間で書ける!!
公務員合格作文【第6版】
本当に1週間で間に合う

中村一樹著／定価1430円(税込)／2011年11月発行／三修社

概要・特色▶「文の形式をととのえる」「文の内容を練り上げる」「実践技術を身につける」の3章立てですっきりまとめられたコンパクトな本。解答例を挙げてポイントを解説し、巻末に最近の出題例を紹介。

内容評価▶論文の参考書の選び方としては、書き方などの抽象論より、模範解答がきちんと出ているかどうかということだ。この本には頻出テーマの模範解答が網羅的に掲載されており、読むだけで「どの程度の答案を書けばいいのか」がわかる。

　国家一般職の論文は点数化されるとはいえ、このレベルの答案ならばまず落ちない。**最小限の対策で乗り切るのには、最適な1冊**である。

公務員試験
面接・官庁訪問の秘伝
【2022年度採用版】

○ 受験生の実情を理解している

山下純一編著／定価1320円(税込)／2021年2月発行／TAC出版

概要・特色▶TAC講師が面接、官庁訪問、集団討論について、受験生の問答に対して講義をしていく形式で語った本。2色刷り。

内容評価▶2010年から発行された本。2色刷りでわかりやすく、受験生がやりがちな失敗する受け答えを詳しく解説している。青字の部分をさらっと読むだけで、かなり参考になる。

　当書がよくできているのは、青字と語り口調がよくマッチしており、とても頭に入りやすい点だ。気合を入れて熟読しなくても、いつのまにか頭に内容がしみこんでいくような構成になっている。民間企業の面接と違い、「ダメな人を落とす」面接だということも明記してあり、変に目立とうとせず、普通の合格者程度の問答ができることを目標に作られているのもよい。**採用側および受験生の実情をよく理解して書いてある。**

「回答のツボ」は、文字通り本番の面接でのツボと考えられる。本書で言うコンピテンシーに密接に関連している。しっかり内容を頭に入れておこう。本番では緊張してなかなか表現するのは難しいにしても、どういう答をするのが望ましいのかを事前に知っておくかどうかで、かなり差がつく。

　また、予備校ならではの情報網で、各官庁ごとの官庁訪問データも豊富に掲載しており、本庁を志望する人は目を通しておくべきだろう。地方上級に多い集団討論も実況中継形式で書いてあり、参考になる。

　本全体のテーマは「自分のコア」を作っていくことのようだが、特にそこにこだわる必要はない。面接対策の補強に、一読を勧める。

大卒程度公務員
面接対策ハンドブック
【2022年度版】

最悪に近い出来

資格試験研究会編／定価1210円（税込）／2021年4月発行／実務教育出版

概要・特色▶「公務員面接のしくみ」「面接前の徹底準備」「面接直前チェック」「面接問答集」の４パートからなる。全体の半分以上が問答集。各自治体ごとの質問などはなく、一般的解説のみ。

内容評価▶悪い意味で「**実務教育出版だな**」という本。読んでいてまったく面白みがなく、ただダラダラと問答とそれに対する解説が続く。単色刷りの上、解説がわざわざ小さいサイズの字で書いてある。イラストの下手糞さも特筆もの。重要な点を太字で強調するようなこともほとんどなく、わざと頭に残りにくい構成にしたような編集だ。**一読して、どこが重要なのかさっぱりわからない**ので、受験生からみると、きわめて使いにくい。

　読みにくくても内容がそれなりによければ評価できるのだが、当書は内容もまったくダメ。致命的なのは「公務員対策」とうたってはいるが、その辺の民間企業向けによくあるザコ本と大差がない点。実務教育出版のノウハウやネットワークがあれば、もっと実際の本番で聞かれたリアルな問答（要は「過去問」）を各官庁や各自治体ごとに多く取りあげることも可能なはずだが、それもなく、一般的な質問に対する一般的な問答を、一般論で解説してあるだけ。はっきり言って、どこの出版社の誰でも書けるような本としか言いようがない。公務員試験で長年実績を積み重ねた実務教育出版のよさがまるで出ていない。

　もちろんコンピテンシーについて触れることもなく、表現力、積極性、社会性、堅実性などといった抽象的な言葉で語っているだけ。内容はきわめて薄い。読んでも得られるものはほとんどなく、時間泥棒とも言うべき一冊だ。間違っても買ってはならない。

面接も「過去問」から

本書では繰り返し、まず過去問から入るという勉強法を紹介している。過去問は本番で出る事項や出題の深さが得られる何よりの情報源。本番でアウトプットすべきものからインプットしていけば、頭に残りやすいし、理解も速いという方法論だ。

この論理は、面接試験にも当然当てはまる。面接の過去問にあたるものは、各予備校などで行っている模擬面接だ。早い段階で、一度模擬面接を受けておこう。完全な準備をしてから受けるというのでは、あっという間に本番になりかねない。面接本を一読したら、即アウトプットだ。

しどろもどろでもまったくかまわないから、手近な日程の模擬面接を受けてみることを勧める。実際の面接で何がどのように問われるのかを知り、自分がどの程度表現できるのかを知っておくことが大切なのだ。

その結果、必ず聞かれること、あまり聞かれないことの差がわかり、学科試験と同じように、面接試験の勉強にもメリハリができる。特に面接試験の場合、必出事項は自己PR、志望動機、受ける官庁や自治体の知識、やりたい仕事など、ほぼ決まりきっている。だから過去問は知っているも同然というのは、ちょっと甘い。問題は、それをどの程度答えればいいかという「深さ」だ。

この「深さ」は、実際に模擬面接を受けてみないと、なかなか理解できない。また、模擬面接で質問された事柄は、印象度がまったく違ってくる。日常生活のなかで無意識に、ベストの解答を考えるようになってくるし、面接本を読むにしても、かなり能率よく頭に入り、結果的に少ない時間で大きな成果を得ることができる。

なるべく早く、面接の「過去問」に取り組んでほしい。手早く点数をゲットするには、まず過去問からだ。

受かるタイプとは
最速合格への7カ条

◇ 1▸どうすれば受かるかわかっている

```
┌─────────────────────────────────────────┐
│    まず出る事項と出る形式を知る。（過去問の検討）    │
└─────────────────────────────────────────┘
                    ▼
┌─────────────────────────────────────────┐
│  得点配分を決める。（重点科目とそうでない科目との選別）  │
└─────────────────────────────────────────┘
                    ▼
┌─────────────────────────────────────────┐
│  得点配分に応じて、必要事項を繰り返してマスターする。  │
│ ( この際、問題を通してマスターすることが極めて重要。 ) │
│    また、繰り返さなければ覚えられない。           │
└─────────────────────────────────────────┘
                    ▼
┌─────────────────────────────────────────┐
│  本番での時間配分や、わからない場合でも点数をもぎ取る  │
│        手法を身につけている。                │
│   （模試の十分な受験と裏ワザやテクニックの習得）      │
└─────────────────────────────────────────┘
                    ▼
┌─────────────────────────────────────────┐
│       実際に受験して合格点。                │
└─────────────────────────────────────────┘
```

　過去問の検討をおろそかにしている人、出ない範囲を一生懸命やる人、科目の重点配分を間違う人、繰り返しがないから覚えたことを忘れる人……死屍累々だ。そもそも合格とは何なのかという素朴な疑問から日頃の勉強を見直してみよう。

◆2▸科目の特性をわかっている

一般知能は毎日コツコツやる必要が絶対にある。

一般知識は逆に、一度に集中的に詰め込み、あとは復習。

一般知識は、自然科学なら数学、物理、化学は捨てていいし、社会も日本史や文学・芸術を捨てることは可能だ。

時事はあらゆるところで関わってくる。早めの対策が必要。

専門のメインは憲法と行政法。やればやっただけ点数になる。それに反して行政系科目は、本番で想定外の出題がけっこうある。経済と民法は、そもそも勉強すること自体が困難であり、必要最小限の対策でしのぎきる。かといって「民法や経済は捨てた」というような人は、間違いなく不合格である。

こういう特徴をわかっていないと、総合点は伸びない。

◆3▸選択肢の検討をきちんとやっている

マーク式の試験というのは、それを逆手に取ったテクニックが必ず存在する。知っているといないのとでは大違い。最低限、『裏ワザ大全』には目を通しておこう。まったく得点力が違ってくる。これは宣伝でもなんでもない。

◆4▸考えない

誤解を受けやすい表現だが、考える必要はない。自力で解くのは文章理解と資料解釈だけだと思っていい。残りの科目は問題を読んだらすぐ答を読み、それを覚えればいい。数的推理や判断推理も例外ではないので気をつけよう。問題集を自力で解くのが勉強だと思っている人は即刻意識を改めよう。

◆5▸問題集中心の学習をしている

　試験には問題が出る。だったら問題を学習するのは当たり前のことだが、テキストの「熟読」にあてている人があまりにも多い。知識は過去問を中心とした問題から入れる。テキストはその補助という地位をはっきりさせた勉強が必要だ。テキストを漫然と読んでいる人間は落ちる。

◆6▸バッサリ切り捨てる

　公務員試験は、出る事項から順にやっていかなければ絶対に間に合わない。過去問の中でも「もう二度と出ない問題」というのは多々あるし、市販の問題集ならなおさら多数ある。選択肢別に見ていっても不要な知識は数多い。それらをスパッと切り捨てて、必要な事項だけの学習に集中できる人が、合格する人だ。どうでもいい事項にこだわっていると、受験勉強は永久に終わらない。

◆7▸繰り返しを重視する

　物事は繰り返さないと必ず忘れる。にもかかわらず、ほとんどすべての受験生が復習不足だ。「縦の反復」「横の反復」とも、自分のシステムをしっかり作り、実行する。「記憶ノート」の作成も重要だ。試験場ではうろ覚えの知識はかえって害になることもある。やる事項を限定する代わりに、それらは繰り返しのなかで確実にマスターしていく意識が必要だ。

「合格への道」研究会

公務員試験の効率的な勉強法を伝える書籍がなかなかない。そんな受験生の不満を解消するために、公務員予備校講師・大学受験予備校講師の経験者、公務員試験に合格実績のあるメンバーが、2003年の春頃から研究会を開催してきた。

本書は、メンバーそれぞれの実体験を踏まえ、その研究成果をまとめたものである。教える側からではなく、受験者の立場に立って考えてみようとの趣旨から本書が完成した。

2021年からは弁護士・公認会計士で、勉強法研究家の平木太生氏（jijiたん）の助力を得て、さらなる発展を目指す。

平木太生 (弁護士・公認会計士 jiji)

弁護士・公認会計士。2007年、法政大学3年時に公認会計士試験に合格。

新卒で監査法人にて4年勤務した後、一念発起して司法試験を目指し、2014年司法試験予備試験、2016年司法試験に合格。

試験勉強中の日々を綴ったブログが人気となり、ブログ、Twitter、書籍、雑誌記事執筆、オンライン講義など、さまざまな形で勉強方法を広める活動もしている。

2021年に弁護士法人トライデントの代表社員に就任。

公認会計士試験予備校で企業法の講師や事業会社の社外役員なども務める。

公務員試験
受かる勉強法 落ちる勉強法
これが「最速受験術」だ!【2023年度版】

2021年12月4日　初版第1刷発行

編著者	「合格への道」研究会　平木太生
	ⓒGoukakuhenomiti kenkyukai　Exia Publishing Co.,Ltd. 2021 Printed in Japan
発行者	畑中敦子
発行所	株式会社エクシア出版
	〒102-0083　東京都千代田区麹町6-4-6-3F
印刷・製本	サンケイ総合印刷株式会社
DTP作成	中山デザイン事務所
装幀	田中小夜子

ISBN 978-4-908804-85-4　C1030

エクシア出版ホームページ　https://exia-pub.co.jp/
　　Eメールアドレス　info@exia-pub.co.jp